Reinvente-se!
Quantas vidas se vive numa vida?

CHERRINE CARDOSO

Dedico este livro a todos que, como eu, buscam mudanças. Mudanças na forma de agir, de pensar, de se relacionar, de se sentir, de perceber o mundo. A todos que estão dispostos a sair da zona de conforto e encontrar em cada novo ciclo uma maneira de se reinventar. Dedico este livro em especial à minha irmã Alane, que faz isso tão bem quanto eu. E a tantos amigos, conhecidos e até desconhecidos, que diariamente precisam recomeçar a vida em qualquer uma de suas fases. Sinta orgulho da pessoa que você é e daquela que se torna todos os dias.

SUMÁRIO

APRESENTAÇÃO 5

1. O que é o tempo para você? 9
2. Fatos históricos e mudanças na humanidade 20
3. O começo de tudo 27
4. Como é difícil ser adolescente 62
5. Entrando na fase adulta 123
6. Somos todos iguais, mas tão diferentes! 154
7. As pessoas não mudam... 173
8. O que eu quero ser quando crescer? 180
9. A terceira e melhor idade 185

APRESENTAÇÃO

Muito do que conhecemos da vida humana é quando pedimos às pessoas para recordarem o passado. E, como sabemos, a retrospectiva é tudo, menos rigorosa. Esquecemo-nos de muita coisa que nos acontece na vida e, por vezes, a memória é bastante criativa.

Robert Waldinger

Nossa vida é uma soma de muitas experiências e momentos. Sem dúvida é isso que a torna tão especial. Mas será que conseguimos nos lembrar de todos eles? São tantas fases, né? Talvez você, assim como eu, se questione: será que eu vivi de fato tudo isso?

Conforme os anos vão passando, a sensação vai ficando ainda mais forte, pois o distanciamento com os momentos vividos os tornam apenas lembranças, memórias. Algumas, fortes o suficiente para nos fazer crer que são mesmo nossas. Outras, com tão pouca clareza e nitidez, que facilmente podemos nos sentir traídos com relação ao que, de fato, nos lembramos.

Mas, o que mais me encanta na convivência com as pessoas é observar essa capacidade de mudança. Talvez poucos se deem conta, mas estamos o tempo todo mudando. Não de casa ou de país, mas mudando de hábitos, convicções, desejos, paradigmas; e até mesmo aspectos ligados às características pessoais, como estilo de se vestir ou grupos com os quais nos relacionamos.

Será que você já se deu conta de quantas vezes mudou ao longo de sua vida até este momento? Já percebeu como não é mais aquela mesma pessoa de quando esteve no jardim de infância, por exemplo? Afinal, quem se lembra do jardim de infância? Você se lembra? Se sim, confesso que fico com um pouco de inveja. A sensação que tenho é que, se eu passei por isso, foi em outra vida.

Alguns indivíduos nascem ricos e morrem pobres; outros saem do nada e conquistam tudo; há pessoas que optam pela mudança de sexo, e há aquelas que iniciam a vida com um corpo saudável e a terminam adaptadas a outra realidade. Ou aquelas que nascem num país e vivem toda a vida em outro. Indivíduos que passam a vida ao lado dos pais, introspectivos, fechados. Outros tantos que sabem se expressar perfeitamente e estão sempre rodeados de gente. Também há aqueles que se desviam de valores essenciais neste caminho da vida e que poderiam ter um futuro lindo e podem acabar o quê? Presos, quem sabe. Ou se corrompem com o poder que adquiriram. Quantas possibilidades de mudança existem em uma vida, não é mesmo? **Você nunca sabe como trilhará seu destino até que o tenha vivido.**

O que me proponho neste livro é instigá-lo a refletir sobre essas questões. Quantas vidas você já tem vivido nesta vida? Quantas transformações já ocorreram e quantas ainda poderão ocorrer? Quantas experiências? Quantas pessoas já passaram por você e somaram, dividiram, multiplicaram e até mesmo subtraíram da pessoa que você é hoje? Quantas mudanças, quantas novas escolhas, quantas possibilidades você já se permitiu e ainda tem a se permitir?

Você entende e aprende como nasceu a partir do momento em que toma consciência disso. Mas quando foi mesmo que você se deu conta de que tem uma consciência?

Que seja uma jornada especial para você tanto quanto foi para mim escrevê-la. Confesso que reviver momentos do passado, falar, sentir o presente e ansiar pelo futuro mexe demais comigo, mas é imensamente prazeroso.

E vamos juntos!

1
O que é o tempo para você?

Só existem dois dias no ano em que nada pode ser feito. Um se chama ontem e o outro se chama amanhã, portanto hoje é o dia certo para amar, acreditar, fazer e principalmente viver.

Dalai Lama

Com certa constância fico a observar algo que é tão pouco cuidado por todos nós: **o tempo**. Desde que você nasceu o presente mais precioso que ganhou e ganha todos os dias é o tempo! E daí a pergunta que fica é: o que você faz com o seu? Como você o sente? Aproveita? Usa para se aprimorar, desenvolver-se, tornar-se cada vez melhor?

Bom, já que o homem fatiou o dia em horas, as horas em segundos, esses em milésimos de segundos e, no conjunto, determinou que 24 horas representam um dia em sua vida, é importante também saber o que fazer com esse tempo que se tem.

    Na era primitiva, o homem, com menos consciência, apenas vivia. Sabia que, quando o sol nascia, ele tinha de aproveitar aquela energia para produzir seu sustento; e que, quando o sol se punha, era hora de aproveitar para se recarregar, a fim de, novamente, no dia seguinte, produzir mais para sua sobrevivência. Foi assim por milênios. Até que esse mesmo homem desenvolveu sua consciência e passou a ser mais do que apenas um animal.

    Quando efetivamente fatiou o dia em horas, ele deu à sua própria vida o sentido de começo, meio e fim. Não que já não fosse assim, mas quando não se tem noção do tempo, você apenas o vive. Dessa maneira, acabou por se preocupar como viveria esses dias, de forma a perder cada vez menos tempo, mesmo que, ironicamente, acabasse por perdê-lo. E passou a se preocupar com isso, incutindo essa preocupação em todos a seu redor.

    O tempo é algo mágico. Nós ganhamos esse presente precioso diariamente, mas por conta da necessidade de viver de acordo com uma rotina preestabelecida, mal o apreciamos ou o aproveitamos como deveríamos. Feliz do homem primitivo que sentia o tempo e não era escravo dele. Podia acordar a hora que quisesse, comer a hora que sentisse fome, produzir de acordo com sua necessidade, desfrutar de toda a natureza disponível à sua volta, dormir cedo ou tarde. Não importava muito, o adormecer vinha na hora em que o corpo pedia por isso, e dessa forma, desfrutava de todo o tempo que tinha com prazer e intensidade. Hoje somos escravos do tempo que fatiamos. Definimos que temos que acordar em determinada hora para aproveitarmos o dia, produzindo mais e mais. Muitas vezes, essa produção nem é para nosso próprio benefício, e sim algo automatizado no qual estamos inseridos. Que temos que parar no meio do dia para comer e voltar a produzir. Que temos um tempo para nos dedicar a esse trabalho, e que quando saímos dele, nos sobram algumas horas para outras coisas; e essas coisas nem sempre são exatamente para fazer aquilo que nos dá realmente prazer. Então, dormirmos e, no dia seguinte, iniciamos toda a jornada outra vez.

Fins de semana, férias, feriados, nesses intervalos é que as pessoas tentam mesmo viver e se permitem desfrutar de momentos com a família, com os amigos, com projetos, com sonhos. Há exceções, como em tudo, mas de 100% da população do planeta arrisco-me a chutar que uns 30% fogem à regra.

O bom é que esse índice está aumentando, pois quando as pessoas tentam ser diferentes, empreendendo na direção de um trabalho que lhes permita liberdade, esse percentual muda, e o século XXI foi de longe o que deu grandes saltos nessa direção. Jovens e mais jovens pensando "fora da caixa", não querendo seguir os passos familiares e menos ainda ascender em grandes empresas. Ao contrário, querem ser donos do seu nariz e, principalmente, deste bem tão precioso que é o tempo.

No entanto, essa rotina programada que o próprio homem criou, o faz ver os dias de sua vida passando, sem parecer se importar muito com isso, ou, de repente, sem perceber conscientemente o quão importante é viver a vida. A importância está em o que ele vai conquistar — quais metas, planos, *status*, resultados financeiros, entre outras coisas. E com isso, a vida passa. O tempo voa. E no fim, acaba. Sem ao menos nos darmos conta de como foi que o utilizamos ou se fizemos bom uso dele.

As perguntas que deveriam soar internamente todos os dias poderiam ser: O quanto aproveitamos do tempo que nós temos e nos foi dado para nosso desenvolvimento? O quanto eu vou terminar esta jornada melhor do que a iniciei? Como usar este tempo que eu ganhei em meu nascimento, e não sei quando terminará, para me transformar?

Se tivéssemos essa consciência quando nascemos, talvez conseguíssemos desfrutar melhor dessa experiência chamada vida. Veríamos cada fase como uma fase única, já sentindo saudade do momento em que ela não mais será assim. Teríamos um compromisso maior com a felicidade e não nos permitiríamos o descaso com os dias. Usufruiríamos dele de maneira mais inteligente, buscando nossa constante felicidade!

Fato é que, quando nos embutem inúmeras cobranças, que são meras convenções sociais e culturais, temos medo de não conseguir

seguir o *script* e isso passa a ser um fardo pesado todos os dias.

Temos receio de não conseguir realizar tudo o que esperam de nós, de não ter tempo suficiente para chegar aonde queremos ou que as pessoas esperam que cheguemos, dando pouca importância às fases que passamos e tudo o que elas podem nos oferecer de amadurecimento e crescimento pessoal. E pior ainda, muitas vezes não nos permitimos fazer o que realmente gostaríamos, por achar que temos de fazer o que ditam ser o caminho "certo". Crenças limitantes que nos escravizam sem nos permitir ir em busca do que realmente nos realiza. A se pensar!

Para que tenhamos ciência plena de nossa existência é importante que estejamos presentes o tempo todo em todas as possibilidades para nossos dias. Devemos isso ao tempo que ganhamos. E sabe que existe um fato curioso levantado por cientistas que estudam a física quântica? De que o tempo está realmente passando mais rápido! Sim, não é só impressão[1]. Há pesquisadores que fazem diversos expe-

---

[1] Fonte Super Interessante: http://super.abril.com.br/comportamento/tempo-cada-vez-mais-acelerado/

rimentos para mostrar como o magnetismo do universo influi no nosso relógio e na nossa percepção de tempo.²

Devemos estar presentes no agora, entendendo que em breve ele será registro de um passado e que o amanhã se tornará o presente, portanto, não devemos nos preocupar tanto com ele. **A vida é a soma de tudo o que experienciamos. A soma das fases que vivemos. E esses registros formam aquilo que somos.**

Se até este momento você não havia se dado conta de quão importante é estar presente intensamente em tudo o que faz, dê-se essa chance! No livro *O poder do agora*, de Eckhart Tolle, você poderá ler mais sobre esse assunto. No entanto, esteja certo de que todas as fases da sua vida têm uma importância para o que você se tornará. Desde sua gestação, no ventre de sua mãe, até este momento em que lê o que eu escrevo, são elas que moldaram sua individualidade e a pessoa que você se mostra para o mundo. E sim, esta é uma viagem muito bacana. Não conseguirei aqui englobar todas

---

2 Veja esse vídeo sobre a sincronia dos metrônomos: https://www.youtube.com/watch?v=5v5eBf2KwF8

as possibilidades de vida e experiências que cada ser humano sobre a Terra já teve ou pode vir a ter. Seria interessante, mas impossível.

No entanto, vou usar minhas experiências, em alguns momentos, como referência. Expor as fases incríveis que me trouxeram até aqui, as histórias que colhi com alguns amigos e por meio de registros históricos, mostrar que, desde a sua infância até hoje, você já foi uma porção de pessoas diferentes dentro de uma mesma pessoa. Já viveu vidas diferentes dentro de uma mesma vida e tudo isso faz parte desta viagem deliciosa que se chama existência.

Você existe e enquanto isso for uma realidade você tem a capacidade de mudar. De alterar seu destino. De ser quem quiser ser. De estar onde quiser estar. De ganhar o que quiser ganhar. De aprender o que quiser aprender. Só não tem essas opções quem já está morto e, se você ainda está aqui, todas as possibilidades de vida são válidas. Vá por mim, é delicioso quando você se dá conta disso!

Compartilho com você, uma das mensagens do escritor DeRose, que fez eu repensar minha vida, dando sentido a tudo o que cabe dentro deste primeiro capítulo. Eu acredito ter sido um verdadeiro chacoalhão na minha forma de traçar meu futuro, e que nos dará uma sacudida interna, nos fazendo avaliar como estamos cuidando do tempo que temos e desta vida que ganhamos.

Compartilho por saber que, de alguma maneira, esta mensagem o tocará, seja em algumas de suas linhas ou em todo seu conteúdo; e com a certeza de que, a partir dela, você se esforçará mais para respeitar os seus desejos e vontades pessoais, percebendo que no fim são eles que realmente formam sua essência e quem você realmente é!

Vamos, criatura!

Você já parou para pensar que suas ações são meros reflexos de um condicionamento social que o escraviza a um comportamento estereotipado, comportamento de rebanho que caminha para o matadouro, infeliz, mas resignado?

Já meditou no fato de que você não usa o seu livre-arbítrio nem um pouco e que você pensa, fala, sente e age de acordo com aquilo que os outros esperam de você?

Onde está o ser inteligente que se distingue do resto dos animais pelo seu poder de volição e de decisão? Ele está manifestado em você? Vamos, sinceridade. Você faz o que quer – ou, ao menos, atreve-se a pensar o que quer? Ou pensa aquilo que a família, a sociedade, os amigos, as instituições querem que você pense?

Não, não pare de ler. Ou só vai ler as coisas amorosas que eu escrever? Enfrente pelo menos um pedaço de papel que lhe diz na cara que você não se assume. Que você tem sido tão influenciável pela opinião dos outros, que está se tornando uma pessoa sem vontade, sem personalidade.

Não estou zangado, não. Estou é tentando sacudir você tão bem que talvez consiga despertá-lo. Afinal, você é inteligente e sabe a enorme variedade de doenças físicas e psíquicas que advêm da frustração, da automentira, da infelicidade crônica do dia a dia sem sentido, do stress causado pela rotina medíocre e mesquinha.

Você já achou o sentido da sua vida?

A vida é dinamismo, é movimento e não estagnação. [...]

Você tem um compromisso cósmico agora! Mas tem, também, a liberdade de não aceitá--lo. O carma lhe deu a liberdade de opção que constitui a chave mestra de um fardo chamado responsabilidade. [...]
Você se acomoda indolentemente na almofada fofa da inércia. Simplesmente por medo de enfrentar uma mudança.
Já parou para pensar na idade que tem? Não acha que já está na hora de ter um pouco mais de maturidade?
Vamos! Utilize uma pontinha de sinceridade e responda: essa é a vida que você queria? Ela o realiza? Você já pensou como é que vai ser o seu futuro se tudo continuar nessa covardia e nessa acomodação?
Vamos, criatura!
Aventure-se, corra o risco, que a vida é isso. A vida vale a pena quando se tem uma boa causa pela qual se possa sorrir ou chorar, pela qual se possa viver ou morrer.

2
Fatos históricos e mudanças na humanidade

Eu não poderia escrever um livro falando sobre as transformações que existem em uma vida sem lembrar de tantas coisas que o próprio planeta já viu e viveu pela passagem de inúmeras gerações de homens, desde a era primitiva até a atualidade.

Como falar sobre as fases de uma vida sem questionar como era ser índio na descoberta do Brasil e como é ser índio hoje. Ou como não nos lembrarmos de que estamos na segunda década do século XXI e que talvez alguns dos que passaram pelo nazismo ou os seus descendentes ainda seguem vivos, tendo que lidar com essas lembranças? Ou como não nos lembrar de que até hoje há quem sofra preconceito por conta do que foi a era da escravidão?

Falar sobre isso me incomoda, não só como escritora, mas como ser humano. Eu questiono muito a nossa ignorância. Questiono com dor. É difícil entender como somos incapazes de amar as pessoas de verdade ou como somos incapazes de nos comunicar, uma vez que vemos uma infinidade de línguas e dialetos que nos separam e nos fazem simplesmente não entender o outro.

Em que momento da vida humana nós nos distanciamos tanto? Em que momento houve essa divisão de continentes e como, em cada um deles, há tantas diferenças mediante a uma semelhança inegável: a nossa própria! Todos somos iguais, mas insistem em nos dizer o quanto somos diferentes.

Crenças, línguas, culturas, religiões, sexualidade, escolhas, ganâncias, histórias. Tudo isso abre uma fenda gigante entre as nações. São milhares e milhares de pessoas que se machucam e se agridem, de formas diferentes, por conta dessa dificuldade que temos de enxergar que somos todos iguais. Nossos olhos ainda estão cobertos por camadas e camadas da mesma ignorância. E, às vezes, nem é preciso não falar a mesma língua, duas pessoas que convivem, vez ou outra, não se entendem, porque o ego mascara a compreensão das coisas.

Há um sopro de esperança sim. As novas gerações parecem mais acordadas, parecem chegar já mais lúcidas e inteligentes. Vagarosamente estão minando as resistências e transformando os padrões de viver e de se relacionar. Vemos com frescor uma nova humanidade se instalando, mas são milênios de gerações atrasadas ainda atuando, o que torna a chegada desses seres mais iluminados um pouco mais difícil. Ainda há grande resistência aos novos padrões de comportamento.

Pense: quando você, nascido nas décadas de 1950, 1960, 1970, 1980 (acho que a partir dos nascidos em 1990 a coisa já começou a mudar um pouco), poderia imaginar que estaria trabalhando de sua casa, sentado no seu sofá, e que, através de um computador portátil, poderia gerar a renda necessária para viver sem se sentir amarrado numa rotina sugadora de energia e felicidade?

Pois bem, isso já acontece. Mais e mais vemos as novas gerações vivendo livres e pelo mundo, conhecendo melhor essas culturas diversificadas que nos separam e tentando de certa maneira nos reconectar. Os passos são lentos, é verdade! A resistência existe, pois, todo projeto de mudança sofre com os que não conseguem fugir do padrão. Mas ela está em vigor. Essa mudança está acontecendo numa velocidade maior do que toda a transformação que vimos o homem viver desde que o mundo é mundo. E claro, existem consequências. Positivas e negativas. As positivas são as quebras de padrões e paradigmas. Isso é inegável. Rompemos com crenças limitantes e nos permitimos ir em busca dos nossos sonhos. Já não toleramos mais guerras, já não toleramos maus-tratos às pessoas e aos animais, já questionamos a indústria, a política, a educação. Já vamos mais em busca de melhorias coletivas, de cuidados com o planeta que nos acolhe. Tudo isso é mais do que positivo. Mas, como pontos negativos, ainda haverá muita tristeza, muita resistência, muitas guerras por parte daqueles que não conseguem enxergar o quão boas e necessárias são essas mudanças!

Só que o peso na balança, que gera o equilíbrio que tantos buscam, começa a mudar. Vai pendendo mais para o lado dos que querem e desejam mudar para melhor, e a própria Terra vai eliminando os que não conseguem acompanhar essa transição.

Acho que pouco a pouco o homem vai entendendo que está vivendo por motivos muito grandiosos. Que somos detentores de um poder de renovação incomensurável. Que não há mais espaço para os gananciosos e ditadores. E que, por mais que eles ainda existam, o número tende a ser menor.

É possível que ainda haja guerras. No entanto, em alguns séculos, talvez, elas já não sejam mais necessárias. As pessoas vêm buscando por filosofias e práticas de autoconhecimento, o que vagarosamente as vai levando a um novo entendimento de si e do mundo. Essa necessidade não é em vão. As perguntas de por que eu estou aqui e qual é o propósito disso tudo têm sido feitas com uma frequência muito maior. E a busca pelas respostas, que certamente estão em cada um, é incessante.

Toda experiência tida sobre a Terra gera um registro no inconsciente coletivo, que pode ser acessado por qualquer pessoa. Alguns com mais facilidade, por serem mais sensíveis. Outros, talvez passem por sua existência sem nem se dar conta de todo o conhecimento que existe e que está à sua disposição para ser usado.

Não à toa chegam pessoas especiais e que mostram saber de determinadas coisas sem nunca as terem estudado. Isso se dá pelo acesso que elas têm ao conhecimento acássico[3], disponível em um plano mais sutil do universo.

Se tudo o que o homem já viveu e sofreu para amadurecer está à disposição de todas as gerações que passam sobre o planeta, por que então não fazer uso disso? Seria uma maneira de evoluir ainda mais rápido, com certeza.

Mas, mais uma vez estaríamos lidando com um conhecimento que poucos têm sabedoria para utilizar. E, certamente por isso, está disponível para um grupo pequeno, que já possui esclarecimento suficiente para entender e processar

---
3 https://pt.wikipedia.org/wiki/Registros_ak%C3%A1shicos.

aquilo que recebe de forma intuitiva. O que entendemos disso tudo é que nossa vida muda muito, o tempo todo. Temos por instinto ir em busca de transformações. Aqueles que vivem estagnados são certamente aqueles que passam pela existência sem somar muito à sua evolução. Esses indivíduos retardam o desenvolvimento da humanidade, mas são minorias.

É preciso se vangloriar de tudo o que conquistamos e, ao longo de uma vida, mudar o que for necessário para sermos melhores, fazendo dessa passagem um marco, já que nosso comportamento deixa um registro para o futuro da humanidade. Uma responsabilidade que é coletiva, mesmo que parta de cada um, individualmente.

E você, já consegue sentir o que está deixando registrado em sua passagem nesta vida? Pontue o que já fez de bom e interessante, pontue o que ainda gostaria de fazer. Esse exercício é enriquecedor para o autoconhecimento. Fica a dica!

3
O começo de tudo

Cada criança que nasce é uma espécie de surpresa para a humanidade.

Vea Vecchi

O gerar de uma vida é algo mágico. Graças ao desenvolvimento da ciência, junto aos avanços tecnológicos, podemos entender como esse processo se dá dentro do corpo da mulher.

Na era primitiva certamente era algo muito natural, como ainda o é, mas talvez para o homem o processo todo devesse ser algo estranho. De repente, a barriga da mulher começava a crescer e depois de um tempo algo de dentro dela saía. Por mais que a mulher sentisse, por sua natureza, que algo lindo acontecia, certamente as primatas não faziam muita ideia de como aquilo era provido.

Quando, aos poucos, o homem foi se desenvolvendo e se distanciando dos animais, conseguiu, a cada novo passo de sua própria transformação, identificar ações, reações e consequências do seu corpo.

Foi então que entendeu ou descobriu como a vida acontecia. Não era a natureza, ou um Deus, colocando algo dentro da mulher e depois de um tempo fazendo surgir outro ser humano, éramos nós que tínhamos a capacidade de gerar uma nova vida (até porque naquela altura não existia o conceito de Deus. Tudo era provido pela natureza. O que nos pode servir neste instante também de reflexão. Se na era dos primatas não havia o conceito de Deus, como a religião prega, e tudo era fruto da natureza e de sua energia, quem é Deus, afinal? Se não exatamente isso: a natureza e a energia?). Que conexão fantástica!

Todavia, quando a criança nasce ela é apenas um bichinho. Ainda sem consciência daquilo que está à sua volta e de tudo o que poderá experimentar e vivenciar ao longo de sua existência. Basta olhar e ver os bebês humanos e os bebês animais. Onde está a diferença? Talvez apenas no fato de que os animais têm um instinto de sobrevivência maior que os humanos.

Aquele serzinho sabe que saiu do conforto do útero de sua mãe, pois o choro demonstra isso no momento em que é retirado do ventre materno. Mas, nem por isso, entendeu exatamente o que veio fazer aqui fora. O psiquiatra Stanislav Grof diz que este é o primeiro grande desafio do ser humano: *lutar para passar pelo canal de nascimento, ele aguenta firme e consegue passar. Sua primeira jornada como um herói.*

Você se lembraria? Será que se puxar muito em sua memória conseguiria ter um vislumbre do momento em que era retirado do útero de sua mãe e tinha seu cordão umbilical cortado? Acho que não. É realmente muito improvável.

Perguntando isso a alguns conhecidos, somente um deles me disse que sentiu algo. Não como lembranças de imagens, mas de sensações mesmo. Ele nasceu com um irmão gêmeo e diz ser esta a lembrança que tem, de uma separação do irmão. Que as emoções daquele momento são um registro que ele tem. Ele não se lembra deles como bebês, não se lembra do momento em si, mas tem o registro emocional do momento do seu nascimento. Já pensou que incrível isso? Essa percepção nos mostra a força que nosso corpo emocional possui e o quanto ele nos influencia desde o nosso nascimento.

Ao nascer, os sinais de consciência de um indivíduo, ainda são poucos, há apenas o instinto. Por instinto, sabemos que precisamos anunciar de alguma forma quando necessitamos de algo ou quando alguma coisa não está muito bem. O choro é o nosso alarme. E os pais, também por instinto, entendem assim. Na era primitiva ou nos dias atuais, isso não mudou.

Dizem que uma criança passa a ter consciência do que é quando entra em seu primeiro ano de vida e que forma essa consciência de maneira mais interativa até o seu terceiro ano. É quando começa a entender um pouco mais a vida que a rodeia. Quando as coisas passam a ganhar sentido e forma. Quando a fala passa a ser articulada por estímulos externos, até que a criança balbucie as mesmas referências que recebe. Quando arrisca os primeiros passos e permite desafiar-se. Uma consciência mais limitada, mas crescendo e se expandido. Explanação de Andrew Meltzoff, codiretor do Instituto de Aprendizagem e Ciências do Cérebro, da Universidade de Washington, no documentário *O começo da vida*.

Os bebês criam hipóteses sobre o que acontece no mundo e tentam confirmá-las. Este é um dos motivos pelo qual um bebê, quando está sentado num cadeirão no restaurante, talvez derrube uma colher no chão. Quando a colher faz barulho, ele repete o mesmo padrão várias vezes tentando entender o quanto o mundo é previsível. O mundo funciona assim? Crianças com autoestima elevada estão dispostas a se arriscar para aprender coisas novas, pois elas podem estar erradas. A autoestima nos ajuda a fazer coisas novas, mesmo que a criança não tenha sucesso.

Perceber as capacidades de um ser humano ao acompanhar seu desenvolvimento é mesmo fantástico. Porém, essa mesma criança, em busca de sua individualidade, passa a utilizar as referências que tem para moldar sua personalidade. Seus espelhos são as pessoas com as quais mais convive. Pais ou parentes favorecem os estímulos e ao mesmo tempo tudo o que essa criança vai construir de valores (ético/moral) e de ações.

Não é no primeiro ano de vida que tudo se molda, mas é ali que começa a ser inserido, na cabecinha desse ser tão pequeno e ainda indefeso, aquilo que de alguma forma é importante e referência para os outros. Ou seja, desde sempre somos influenciados pelos meios nos quais estamos e pelos grupos dos quais fazemos parte.

Com uma criança pequena não é diferente. Basta ver as roupas que usa ou, como um bom exemplo, aquela camiseta do time de futebol que o pai dá achando que o filho tem que seguir a sua opção de torcedor. Acho que esse exemplo é o mais ilustrativo. Os pais torcem por um time e desde que a criança nasce já a vestem com uma camiseta desse time, dizendo para quem ela deverá torcer. Mas, opa! Quem deveria decidir isso não seria esse pequeno ser? Pois é, mas ele não teve essa opção.

Quando tomar mais consciência do que se trata aquela camiseta, seus pais já o terão feito assistir aos jogos, ver celebrações, ficar frustrado com as perdas e isso o fará seguir com essa escolha, mesmo que não tenha sido tomada por ele. O mesmo acontece com estilos musicais, esportes, programas de TV, leituras, entre tantas outras influências que nós sofremos quando somos pequenos, sejam elas positivas, negativas e até aquelas aparentemente inofensivas.

Uma criança precisa ser deixada livre. Livre para escolher, para observar, para se afastar, para se aproximar, para experimentar. As crianças não são tábuas rasas, onde você coloca seus saberes e suas competências. As crianças aprendem e constroem seu saber com você, com os colegas, com outras crianças.[4]

Tinha se dado conta disso? São raríssimos os casos de crianças que, depois de um tempo, descobrem que admiram outro time e "viram a casaca", como costumam dizer. No entanto, esse virar a casaca é na verdade a primeira demonstração de que essa criança está tendo seus primeiros *insights*, que está tomando as rédeas de suas vontades e decisões. Se os pais forem pessoas mais lúcidas, a deixarão livre para isso e, certamente, nesse indivíduo, isso constituirá uma revolução em sua personalidade.

---
4 Chiara Spaggiari, professora da escola Reggio Emilia, São Paulo.

Quando nasce, a criança é pagã; toda criança nasce pagã. Ela é feliz como ela é. Não tem ideia do que é certo e do que é errado; ela não tem ideias. Não tem critérios, não tem julgamentos. Se a criança tem fome, ela pede comida. Se está com sono, ela dorme. É isso que os mestres dizem ser o mais importante na religiosidade – quando sentir fome, coma; quando sentir sono, durma. Deixe a vida fluir, não interfira.

Osho

Interagindo com outras crianças

Com pouco mais de um ano (algumas crianças até com bem menos), os pais colocam seus filhos em escolas e ali começa sua interação com outras crianças. Momento de aprender e a lidar com referências similares e com os mesmos estímulos. Na escolinha, a criança vê o mundo com seus próprios olhos e vai passar a gerar laços emotivos com pessoas para além do círculo familiar.

Na *fanpage* Prioridade Absoluta, no Facebook, um psicólogo (o nome do profissional não é citado e nem aparece no vídeo) diz que, da gestação até os dois anos de uma criança, a fase é tão importante para o futuro da humanidade que, se nos déssemos conta disso, nos dedicaríamos totalmente a esse novo ser.

A mãe, o pai, a sociedade deveriam cuidar com total atenção desses bebês, para assim termos pessoas melhores no futuro. O afeto, o carinho e a atenção são nutritivos e as crianças crescem melhores quando são amadas. Não basta amar uma criança, ela precisa saber que é amada. Alguns trabalhos internacionais mostram que crianças colocadas em creches precocemente, como hoje se faz, é um crime. No Brasil, colocam-se crianças com três a cinco meses de idade numa creche, quando a imunidade dela é baixa. Os imunologistas falam que quem faz isso não sabe nada de imunologia, pois é exatamente essa exposição da criança num ambiente de contaminação, de desapego emocional, no momento em que ela mais precisa que pode torná-la um indivíduo frio e com problemas psicológicos no futuro.

São novas descobertas, sem dúvida, que passam do denso ao sutil. Essa criança é estimulada a usar ferramentas que aceleram o seu aprendizado e desenvolvem todos os seus sentidos. Passa a despertar ainda mais a curiosidade por tudo. Desenvolve o lado criativo, antes do lado crítico e, sem dúvida, esse é um processo de suma importância para favorecer nesse indivíduo o seu lado mais afetivo. Mas, é também nessa fase, que ele começa a descobrir que tem em sua personalidade traços bem particulares, que o moldam e definem suas atitudes. Ao observarmos as crianças, nesse período, percebemos se as influências obtidas até então as levam a se tornarem um ser mais sensível ou mais rude, mais sincero ou mais melindrado, mais tímido ou mais expansivo. Por isso, é tão importante a observação de tudo o que se passa com esse serzinho ainda tão inocente. Verificar suas reações diante do mundo novo poderá, inclusive, ajudar os pais a darem continuidade a essa formação.

Poucos têm lembranças da época em que eram bebês ou crianças. Há resquícios guardados no inconsciente, que talvez sejam despertados por sonhos ou algum outro tipo de estímulo (regressão, hipnose, terapias etc.), mas, por memória apenas é bem difícil recordar. O que, por esse motivo, faz muitos de nós achar que há coisas na infância que não aconteceram. Não que a infância não tenha existido de fato, afinal, se hoje você é um adolescente/jovem/adulto/

velho é porque também foi criança um dia. Mas, por mais criança que você tenha sido, pouco se lembra de como era, o que fazia, quem eram seus amigos nessa fase, de como era sua relação com eles ou até mesmo com seus pais. Salvo raríssimas exceções. Fiz uma pesquisa com pessoas próximas e de 10 entrevistados, apenas dois se lembravam do nome do melhor amigo do jardim de infância ou do seu professor. Sua dependência, em parceria com sua inocência, completamente esquecidas e distantes na fase adulta, chegam a ser questionáveis. Será mesmo que vivi isso? Sorte que há registros para nos fazer relembrar.

Há correntes filosóficas e doutrinas que dizem que o indivíduo, antes mesmo de nascer, já vai sendo preparado para a chegada a este universo, nove meses antes de sua concepção. Ou seja, quando ainda nem havia intenção de se tornar um feto, aquele serzinho já estava sendo planejado por outros planos do universo. Já parou para imaginar? Se nem lembramos quem fomos com um, dois e até seis, sete anos de idade, quem dirá pensar que já estávamos sendo preparados para vir ao mundo antes mesmo de nossos pais pensarem nisso! As correntes de física quântica explicam e tudo vale neste processo de conhecimento.

No mesmo filme/documentário *O começo da vida*, que usei como fonte de pesquisa para esta parte do conteúdo, vemos uma abordagem de como toda a individualidade da criança é moldada do zero aos três anos. No filme, eles comentam que os bebês são as maiores máquinas de aprendizado do mundo, que são como esponjas e também as grandes inovadoras de cada fase na qual a humanidade passa. A cada segundo, o cérebro faz de 700 a 1000 novas conexões. **Cada criança que nasce é uma surpresa para a humanidade.**

E nos deixam com uma pergunta: "como será que é 'ser' humano?". Não o ser humano eu ou você. E sim a concepção de humano! "Esta vida, o que ela é?". Nós a conhecemos tal como nos apresentam, mas o que é ela, afinal? Para que estamos aqui? Por quê? Com que propósito? O que temos que aprender? Vivenciar? Descobrir? Se estivermos atentos às crianças poderemos obter algumas respostas ou, até mesmo, compreender como elas nos conduzirão, e muito, à nossa evolução!

Com essa facilidade de veiculação de vídeos, vemos pelas redes sociais inúmeros filmes de crianças dando grandes demonstrações de valores e comportamentos tão pouco cultivados em adultos. Como, por exemplo, questionar por que temos que comer carnes, ou por que os adultos são tão cruéis uns com os outros, ou em demonstrar o respeito ao próximo, ou dando uma lição de amor e respeito à mãe quando ela discute com seu pai. Enfim, as crianças estão sempre nos ensinando muitas coisas![5].

E, continuando com a abordagem do documentário, a sugestão é que escutemos as

---

5 Para ver alguns desses vídeos, acesse os *links* disponibilizados abaixo:
1) garoto questiona porque comemos animais: https://www.youtube.com/watch?v=8WBMhndyJ-w
2) garoto abraça jovem de time adversário quando o time dele perde o campeonato: https://www.youtube.com/watch?v=8Gwt4nB3Y8k
3) garotinha quer que os pais não briguem mais: https://www.youtube.com/watch?v=2sBzrHjrNWs
4) garotinhas recebem os lixeiros com carinho e água: https://www.youtube.com/watch?v=guGBIkVH2oQ
5) garoto ajuda catador de latinhas: https://www.youtube.com/watch?v=6nGSH28eVbI

crianças. Que consigamos dar-lhes a atenção de que precisam. Do contrário, poderemos perdê-las. A única coisa que elas mais querem e de que precisam é da nossa presença.

Eles só se importam se você está presente. São os pequenos detalhes que se somam a este amor. Uma criança será sempre o futuro da humanidade. Como podemos pensar num mundo de paz, de colaboração, de bem-aventurança, onde o começo da vida não é levado em conta? Eles são tão cegos de amor, que não enxergam defeitos. Se mudarmos o começo da história, mudamos a história toda. A humanidade tem a chance de se reinventar a cada criança que nasce. Sem dúvida, ao estarmos atentos aos primeiros passos de uma criança e de como ela molda e constrói suas escolhas, essência, convicções, seremos sempre convidados a participar deste movimento de transformação. [6]

    Quando eu paro para buscar em minha memória os registros da minha infância, acabo tendo que fazer um esforço muito grande para me lembrar de algo e, ainda assim, tenho dúvidas se as lembranças foram reais um dia.

    Escrevo este livro no auge dos meus 36 anos, ou seja, já se passaram mais de três décadas de uma vida. Se eu for pensar que nossa

---

[6] Trecho extraído do documentário *O começo da vida*.

expectativa de vida é cerca de 75 anos, ainda tenho muitas vidas e histórias para viver. Mas, se a própria vida pode acabar de uma hora para outra, sem que eu mesma perceba, então é importante que eu tenha vivido esses anos lúcida de cada fase e mais, que eu aproveite cada momento presente como se realmente fosse o último.

Às vezes, quero me lembrar de como eu era quando criança, mas eu não consigo totalmente. Tenho *flashes*, imagens que não posso afirmar com certeza de que foram de vivências minhas. Será? Por esses dias, vi o vídeo de uma menininha que chorava compulsivamente com a chegada de sua irmã. No mesmo momento, eu procurei saber com meus pais como tinha sido a minha receptividade com relação ao nascimento da minha irmã. Eu tinha dois anos e meio quando ela chegou, e claro, não me lembro de absolutamente nada. Nada! Fico tão triste por memórias como essas terem se apagado completamente das minhas recordações. Hoje em dia, com a presença de *smartphones,* não há nada que deixe de ser registrado. Isso é bom, se pensar que a maior parte daquilo que vivemos cai em esquecimento. Queria poder lembrar, queria poder rever.

    E sei que essa curiosidade não é só minha. Tanto não é que, recentemente, assisti em um dos episódios do seriado *Black Mirror*[7], a uma história sobre um dispositivo que era instalado por trás da orelha do ser humano e que registrava as memórias de sua vida, e, por meio de um controle remoto, essas lembranças eram acessadas pelo próprio indivíduo, como se ele estivesse revendo ao filme de sua vida, em detalhes. O que a priori é só ficção, nos mostra que esse é um desejo comum. Relembrar, rever, analisar e até mesmo fazer julgamentos por meio das lembranças. O que pode ser muito bom por um lado, mas terrível por outro.

    Tal como lembrar-me de quando minha irmã nasceu, outras lembranças da minha infância também surgem com certa dificuldade. Tenho uma vaga imagem de mim no jardim de infância, que se chamava *Fofinho*, onde havia uma professora muito brava que um dia me trancou no porão da escola. Mas, terá isso

---

7 Atenção para *spoilers*. *Black Mirror* é um seriado inglês, disponível no Netflix, que trata dos avanços tecnológicos e como podemos nos sentir presos a eles.

acontecido de fato? Eu não tenho certeza. Tenho a sensação de que sim, mas não acho que simplesmente ao falar disso para os meus pais eles ignorariam.

Junto a essa imagem, vejo cenas em que caio de uma escada. Será que eu fui jogada ali? E por quê? Lembro que eu era uma criança bem travessa, respondona, briguenta. Será que essa professora se enfezou comigo e me colocou ali de castigo? Ou eu criei isso tudo para justificar o meu próprio mau comportamento? Não sei. Eu tinha apenas quatro ou cinco anos.

Lembro-me de que, nessa escolinha, eu tinha uma amiguinha que se chamava Catarina. Por onde será que anda a Catarina? Lembro-me de ter tido que comer repolho pela primeira vez junto com aquele prato feito de uma das partes do boi que chamam de buchada. Minha nossa, que memória horrível! Eu não gosto de repolho até hoje. E carne? Sou vegetariana há anos! Vai ver que memórias como essas reforçaram em mim a necessidade de não comer mais carnes.

Outras poucas lembranças de que tenho da minha infância vêm acompanhadas de mais e mais *flashes*. Eu tinha muito medo do escuro.

Sempre tive a sensação de que veria aquilo que não gostaria de ver. Depois que passei a entender um pouco mais sobre a morte, eu a temia. Não o morrer em si, mas o fato de as pessoas poderem aparecem como espíritos. Eu tinha muito medo de ver espíritos e isso me fazia, muitas vezes, recorrer à cama da minha irmã, que inclusive como disse, é mais nova que eu.

Ainda que internamente me condenasse um pouco por precisar dela, uma vez que ela era mais nova e que, supostamente, quem deveria cuidar dos mais novos deveriam ser os mais velhos, de acordo com a convenção da regra padrão, era vencida pelo medo. Pulava da minha cama e dormia o mais próximo dela possível. Ela não gostava! E, por saber disso, eu apenas deitava bem na pontinha da cama, fazendo de tudo para que ela mal me sentisse a seu lado. E isso me confortava tanto! Eu estava ali, achando que seria protegida pelo simples calor humano dela próxima a mim. E dormia, tranquila.

Lembro-me de quando eu e minha irmã viajávamos com meus pais. Da música *Lilás*, do Djavan, que tocava no rádio do veículo, marcando a trilha sonora de nossas primeiras viagens de carro pelo Brasil, em que meus pais nos levavam para conhecer muitos estados deste país imenso.

Pude desde pequena perceber a diversidade cultural que nos cerca e isso fez enorme diferença em minha educação. Soube desde sempre respeitar e compreender que, mesmo com tanta pluralidade entre o nosso povo, somos um. Somos iguais, ainda que com inúmeras diferenças.

Mas, voltando às viagens, se naquela altura eu achava entediante passar horas e horas dentro de um carro, parando apenas para comer ou ir ao banheiro a fim de então chegar ao destino que meu pai determinava para o dia, hoje eu agradeço muito por essas oportunidades. Foram elas que pontuaram minha percepção de mundo.

Ouço Djavan e essas memórias vêm como um filme em minha mente. Já percebeu como uma música pode desencadear muitas coisas guardadas no seu inconsciente?

Depois, passamos a conhecer outros países. Uma das coisas mais marcantes na minha educação foram nossas viagens em família. Nem sempre um mar de rosas. Havia momentos de tensão e desavenças, mas nada se compara a tudo de lindo que experimentamos em cada descoberta. Meus pais me ensinaram desde cedo a valorizar muito o ser e não o ter[8]. E é impressionante o quanto isso se refletiu num entendimento diferente que tenho do mundo. Você pode vê-lo diante da realidade em que está, ou seja, condicionado apenas à sua rotina e ao local em que vive. Acreditando apenas em tudo o que é noticiado sobre ele nas mídias. Sabendo que há muita coisa espalhada por este planeta, mas estando satisfeito com este mundo pequeno ao seu redor. Ou pode optar por querer descobri-lo por si só, saindo da sua zona de conforto, conhecendo tudo o que leu e aprendeu por meio das aulas de história e geografia com os seus próprios olhos.

Nada lhe dará melhor condição de explanar sobre determinadas coisas como conhecer outras culturas. É muito fácil julgar a frieza do alemão, ou a dureza do russo, ou a intensidade do italiano, ou o senso de grandiosidade do norte-americano estando longe, sabendo dessas possíveis características, vendo ou lendo sobre os outros países sem nunca tê-los visitado.

---

[8] Leia mais sobre desapego em meu livro *A incrível arte de desapegar*, publicado pela Editora Vida & Consciência, 2016.

No entanto, quando você está lá, se deparando com a forma de viver deles, de cuidar, de valorizar sua cultura, sua educação, seu país, bem, nesse momento, você passa a perceber o mundo de forma diferente. A entendê-lo sobre uma óptica diferenciada. E percebe, com isso, que o mundo pode ser muito maior do que lhe parece agora.

Os nossos natais em família foram muito marcantes para mim quando eu ainda era criança. Até meus oito anos, tive a presença do meu avô materno. Ele foi emblemático para mim, para minha irmã e meus primos. Ele era carinhoso, divertido e nos fazia muitas vontades. Era dono de uma padaria. Nos fins de semana era para lá que íamos, em busca de uns pirulitos! Mas o Natal era o momento mais esperado de todos. Sabíamos que ele nos daria o que mais queríamos ganhar como crianças: se fantasiar de Papai Noel. Pelo menos eu acho que sim, tenho uma vaga lembrança disso.

Quando ele se foi, lembro-me de ser a primeira grande dor que senti com a morte. Na verdade, depois dessa, poucas outras se tornaram relevantes. Foi ali que entendi que a morte carrega com ela as pessoas que amamos, independentemente de as desejarmos para sempre por perto.

Lembro também, ainda quando criança, de viver em atrito com minha irmã. Brigávamos muito. Implicávamos com tudo. Sempre fomos muito diferentes uma da outra e tínhamos muito pouca tolerância para lidar com isso. Já percebeu que com as pessoas mais próximas a você a paciência é muito menor? Normalmente, tratamos muito mal irmãos, pais e até aqueles amigos que se tornam parte da família. É quase como se com a proximidade fosse permitido tratar com menos respeito e cordialidade, quando deveria ser bem o contrário!

Meus pais trabalharam fora desde sempre. Motivo pelo qual eu e minha irmã fomos para a escolinha muito cedo, desde o berçário. Não os culpo por isso, mas, sem dúvida, isso fez que, eles tivessem muita dificuldade em lidar com nossas fases, tanto quanto nós mesmas. Ninguém nasce sabendo ser pai ou mãe. E na década em que nasci, sendo de uma família de classe média, não havia muita opção. Eles precisavam trabalhar para nos manter e se manterem também.

A falta que eles fizeram foi, durante muito tempo, um problema sim, pois tanto eu, quanto minha irmã, fomos obrigadas a aprender como crescer e sob o cuidado de outras pessoas que eram contratadas para nos olhar ao longo do dia.

Essas pessoas foram muito especiais. Cada uma à sua época. Há até hoje, está na casa dos meus pais, a querida Lau, que foi quem viveu mais tempo conosco e nos acompanhou em muitos momentos, de criança à fase adulta.

No entanto, nesse percurso, tantas coisas aconteceram. Muitas vezes, pelos atritos que eu e minha irmã tínhamos, acabávamos descontando nessas pessoas que nos cuidavam, e eu tenho para mim que era uma das formas que tínhamos de chamar a atenção dos nossos pais, porque sempre vinham as broncas após as malcriações.

Mas, imagine como é para uma criança passar o dia todo sob os cuidados de outras pessoas — que não aquelas que a ama incondicionalmente — e, ao chegar em casa, em vez de ser recebida com carinho e amor, recebe broncas e castigos por ter ao longo do dia feito coisas "erradas"? Eu acredito que dentro do coraçãozinho dessa criança se instalem inúmeras insatisfações, questionamentos e tristezas.

Ensinar e aprender deveriam trazer alegria. Como este mundo seria poderoso se nossas crianças não tivessem MEDO de correr riscos, não tivessem MEDO de pensar e contassem com um mentor! Toda criança (será que só as crianças?) merece um mentor, um adulto que nunca desista dela, que entenda a força desse relacionamento e insista em que a criança seja o melhor indivíduo possível. Essa tarefa é árdua? Pode apostar que sim! Pode apostar tudo. Mas impossível não é. Isso é realizável. Somos educadores. Nascemos para fazer a diferença. [9]

Quando eu era criança, acredito que resolvia essas sensações de forma natural, buscando respostas e soluções. Atualmente, o que vemos são crianças e adolescentes nos consultórios de terapeutas e psicólogos, porque os pais não sabem como lidar com tudo o que acontece no cerne da personalidade desses pequenos seres. Eu penso que bastaria mais atenção, a presença dos pais e, quem sabe, muito de todo o caos e dificuldades seriam evitados.

---
9 Rita Pierson, no livro *TED Talks,* de Chris Anderson.

Tive uma educação com imposição de respeito e hierarquia, mesmo na ausência deles, o que certamente era difícil de aceitar. É sempre duro esperar a chegada dos seus pais e eles virem cansados, com pouca paciência para os erros que toda criança comete. Alguns têm mais habilidades que outros, mas se vale aqui algum tipo de conselho, eu diria: se você precisa sair para trabalhar e deixar seu filho numa escolinha, faça do momento em que estiver com ele um dos mais especiais, para ele e para você. Que ele tenha toda a atenção e o amor do mundo de que precisa dentro de casa e não fora dela. Isso poderá refletir muito em como ele vai lidar com os próprios pais no futuro. Essa presença é mais do que necessária, ela é obrigatória. A referência maior de uma criança são os seus espelhos dentro de casa. Se ela não os tem, qualquer coisa vinda do exterior será válida, seja para o bem ou para o mal.

Penso quantas crianças são tão mal compreendidas por seus pais ausentes. Pais que não têm escolha em poder ficar com seus filhos e quando têm, querem sempre o melhor, mas sem poder dar o melhor, apenas cobrando por isso. Aquela sensação de que, porque eu lhe proporciono tudo, qualquer coisa que você fizer é apenas sua obrigação.

Sem dúvida é uma relação bastante delicada e difícil. Você sabe que é responsável pela educação do seu filho, mas ao mesmo tempo precisa delegá-la a terceiros por não ter tempo de se dedicar a isso como gostaria. E depois, seus filhos vão fazer de tudo para lhe chamar a atenção, porque só o que querem é tê-lo por perto. E, em vez de entendê-los, os pais possivelmente criticarão, cobrarão, brigarão, porque esperam que sua ausência seja entendida, não como intencional e sim necessária para lhes dar um futuro. Mas, como entender isso quando se é uma criança?

Sem contar as cicatrizes que eu e minha irmã provocamos por conta desses momentos de discussões, que, no nosso caso, eram bastante frequentes. Vira e mexe os machucados deixavam marcas doídas, mas sem dúvida a dor física nunca foi tão grande quanto as lembranças tristes que acabamos por produzir. E essas são as que marcam e não nos esquecemos.

Lembro-me de que, muitas vezes, meu pai, que era muito fechado e durão, nos levava para brincar em parques. Se minha memória não falha, era quando se fazia mais presente! Acho que foi ele quem nos ensinou a andar de bicicleta. Brincávamos nos balanços e ele estava ali, filmando muito de nossa infância. Era ávido por registros e se não fosse por eles, talvez lembrássemos menos ainda de nossa infância. Hoje ele tem isso tudo muito documentado. E uma das grandes habilidades que ele tem é saber como preservar essas memórias através de fotos e filmes. O que será uma herança rica de sentimentos para mim e minha irmã, com toda certeza. Aproveite a dica e guarde os registros que fizer das fases dos seus filhos. Eles ficarão felizes de no futuro ter como rever essa época.

    Outra boa lembrança que tenho era de, em datas especiais, como dia das mães ou dia dos pais, criarmos algum presente diferente e criativo para dar a eles. Fazíamos gravações de rimas e poemas, em aparelhos hoje arcaicos, de fazer rir uma criança que conhece *iPods* e *iPads*. Mas era muito divertido!

    Às vezes, atravessávamos a madrugada. Lembro-me de desenhar os cartõezinhos que daríamos, escrevendo cartinhas de carinho para eles em datas especiais, sei que ainda guardam até hoje. E que mãe ou pai não guardaria? Isso só mostra o quanto as crianças buscam formas de expressar seus sentimentos e suas emoções de uma maneira tão singela e simples, em qualquer geração, por fazer parte da pureza e da leveza desses pequenos seres. Revejo atitudes parecidas em meus sobrinhos e nos filhos de meus amigos.

Mais uma coisa que vem devagarinho pela minha memória eram as divertidas brincadeiras que tínhamos com os amigos da rua em que morávamos. Era uma turma grande. Várias crianças de idades próximas que dividiam uma rua inteira, para brincar de pega-pega, vôlei, taco, esconde-esconde, queimada. Foi com esse grupo que aprendemos a valorizar a amizade, a querer ser notado, a perceber a diversidade que há entre as pessoas também e não apenas no mundo.

E todas as crianças fazem as mesmas coisas. Falam de forma aberta e transparente o que acham uma das outras. Algumas com um pouco de maldade sim, que já vem embutida em sua forma de ser ou até decorrente da educação recebida.

Eu, para muitos, era a bola sete, a Mônica[10] ou botijão de gás. E, olha que vendo minhas fotos, eu nem era tão gordinha assim! Não lembro o quão isso me deixava triste. Talvez deixasse. Talvez haja algum registro no inconsciente que me faça cuidar mais da minha forma física. Mas não fiz terapia para resolver isso comigo mesma. Acho que naquela época não tinha tanto disso de terapia para crianças. A gente brincava, a gente brigava e a gente mesmo fazia as pazes.

Não tenho muito a reclamar da infância da qual me lembro. Sem dúvida, as memórias que ficaram foram as de bons momentos, mas já lamento serem tão distantes. A vida passou bem rápido até agora.

Sei que quando tinha meus nove anos eu só pensava nos 15. E sei que quando os 15 chegaram, eu ansiava pelos 18. A gente vive assim. Sempre desejando o amanhã. Por isso, volto a dizer, o hoje é o mais importante de tudo na sua vida! É o agora que merece respeito e dedicação. Ele já é

---

10 Personagem em quadrinhos do artista Maurício de Souza, que é representada como uma menina gordinha, dentuça e brava.

seu futuro e em pouco tempo se tornará seu passado. O tempo é algo que se vai com a rapidez de um piscar de olhos. E tal como cada piscada, é uma piscada nova, o tempo que se foi nunca mais será o mesmo.

Vemos que as crianças de hoje têm bem menos contato com a rua. Talvez pela insegurança na qual estamos inseridos e por tantas mudanças que ocorreram desde a década de 1980, ano em que nasci, os pais, até com certa razão, temem deixar os filhos brincarem na calçada com o vizinho. Mas sinto que a infância de hoje tem bem menos atrativos sociais, pouca interação com outras crianças. Passam mais tempo à frente de uma televisão ou de jogos digitais do que crescendo umas com as outras. Isso pode refletir em gerações mais introspectivas ao longo das décadas. De pessoas com menos habilidade em se expor ou se comunicar. Muito interativas e tecnológicas, mas pouco sociáveis.

Que pouco a pouco possamos trazer de volta a liberdade e a leveza de ser criança. Que haja mais respeito com essa fase na vida do ser humano, em que de forma empírica está o cerne da individualidade, da formação do caráter, da essência daquele ser. É na inocência de uma criança que vemos sua disposição em se tornar alguém do bem ou do mal. Tudo vai depender das referências que receber. Da educação que tiver. Do contato com seus pais. Da divisão saudável do amor com seus irmãos. Da partilha do que ganhar com seus amigos. E mantê-lo criança, sem as cobranças excessivas que as tornam pequenos adultos, muito antes do tempo.

E, certamente ser criança no Brasil, mesmo diante das inúmeras diferenças culturais que existem entre os tantos estados, é muito diferente de nascer e vivenciar essa fase em alguns lugares como a África ou Índia, por exemplo, ou nos conflitos do Oriente Médio. Crianças que nascem em meio às guerras civis e nunca tiveram um dia sem experienciar bombardeios, mortes e a tristeza estampada em seu povo, por mais crianças que sejam, terão poucas possibilidades de viver as lindezas dessa fase. Se durante a infância houver muita dor e sofrimento, dificilmente esse carma será diferente no futuro. Provavelmente, se tornarão adultos amargos ou até mesmo frios, que dificilmente se importarão com semelhantes como ele. Há exceções, como em tudo, obviamente, mas as probabilidades de haver compaixão são pequenas, já que foi uma criança que vivenciou muito mais as dores que as alegrias.

Ou nascer e ser criança no Japão, Coreia, China, Rússia e outros similares, por exemplo, em que a ordem e a disciplina imperam, tornando as crianças frias e distantes. Não que disciplina não seja necessária, mas torna a infância rígida demais. Vemos crianças dessas nações tendo cobranças de gente grande.

Será que há um local no planeta que seja perfeito para ser criança? Crescer e se desenvolver de forma natural? Podendo aproveitar as levezas dessa fase? Interagindo e descobrindo o meio em que vivemos sem medos ou receios? Como será que podemos definir uma infância perfeita?

Queria poder dizer que sim, mas na realidade o que torna o lugar em que estamos bom, somos nós mesmos. Até quando criança, percebemos isso. Em todas as circunstâncias, nas piores possíveis, em que o humano mesmo cria, as crianças preservam em sua inocência e pureza a doçura do que são.

Que tenhamos então mais consciência da importância de cuidar dos que chegam a este planeta, pois sem dúvida serão eles que continuarão a explorar essa jornada humana, tendo como possibilidade preservá-lo e mantê-lo vivo. Tenho, e certamente outros como eu, têm, esperança de um futuro melhor para as próximas gerações. Acredito que os novos seres que chegam já são preparados em planos que desconhecemos para dar continuidade à nossa espécie, preservando as outras que como nós aqui estão por algum motivo.

E que as crianças sigam sendo especiais como são, nos ensinando a sermos mais amorosos e pacientes. Que sigam nos dando lições de carinho e tolerância, sentidos que perdemos ou nos esquecemos no processo do amadurecimento.

E você, busque em suas lembranças os registros que tem da sua infância e, podendo, escreva sobre eles. Sobre como se sente em relação às suas memórias. Faça desse exercício um estímulo para lembrar-se dessa fase, de quando era criança, e de quanto a sua infância construiu e moldou muito quem você é hoje. Livre-se de qualquer registro negativo, dando lugar apenas à construção das boas recordações.

Finalizo este capítulo com o trecho de um texto escrito pela empreendedora Luciane Ogata, que trabalha com reeducação comportamental e alta performance, ao falar sobre a educação que ofereceu ao seu filho Yudi, na busca de torná-lo um adulto diferenciado e ciente de suas responsabilidades. Entre elas, a principal, a de ser feliz, já que muitos de nós nos esquecemos de que esse deveria ser nosso principal propósito, acima de tudo.

> *Invista no que seu filho tem de melhor em vez de só criticá-lo. As frases ditas têm peso e imagine isso repetido ao longo da infância. Reforce sempre o positivo, sutilize o negativo, não crie traumas ou despeje suas próprias frustrações em seus filhos, pois você é o responsável maior na formação de sua personalidade. Crie filhos independentes e responsáveis por suas escolhas. Pare de olhar tanto para o celular ou dar a responsabilidade da educação para a escola. Você sabia que é preocupante o aumento no número de crianças com depressão na faixa dos oito, nove anos? Eu recebo inúmeras visitas de mães trazendo seus filhos adolescentes com depressão. Só que não sou terapeuta e nem sei lidar com esse tipo de*

situação. Só posso dizer, invista no fortalecimento emocional e mental, que as chances de seu filho ser bem-sucedido em qualquer área da sua vida, seja no profissional ou em suas relações, serão bem grandes.[11]

---

11 Luciane Ogata, empreendedora do DeRose Method, Bom Retiro, em Curitiba.

4
Como é difícil ser adolescente

Crescer custa, demora, esfola, mas compensa. É uma vitória secreta, sem testemunhas. O adversário somos nós mesmos.

Martha Medeiros

Se tem uma fase da vida que é difícil em vários sentidos é a adolescência. É um momento de tantos questionamentos e dúvidas, tantas dores e incertezas, tantos melindres e agressividades, que me arrisco a dizer que quando passamos pela adolescência, aceitando tudo o que vem com ela, temos uma probabilidade muito maior de aguentar dessa vida o que for preciso.

Estamos à mercê de um momento muito duro, que é sair da zona de conforto da defesa e cuidados dos pais à fase do **você já não é mais criança!**

Oi? Mas, como assim não sou mais uma criança? Quando deixei de ser? O que faz você pensar que eu não me sinta uma? A minha idade? Acredito que esses questionamentos são unânimes. É tão injusto em um momento você ter a compreensão dos seus familiares quanto aos seus erros, receber deles a conversa derradeira para explicar o que é certo ou não, onde estão limites ou não e, de repente, você se vê obrigado a descobrir tudo sozinho. E, sabendo que, se cometer algum erro, será castigado como uma criança.

Na adolescência, muitas coisas são colocadas à prova. Sua capacidade de superação se torna obrigatória. Você precisa lidar com as transformações que ocorrem em seu corpo num curto espaço de tempo (e que muitas vezes o assustam) e lidar com o que isso acarreta nos grupos em que você vive. São hormônios se manifestando, tanto no corpo da menina quanto no do menino.

Se nas crianças já havia uma tendência à maldade, mas, de uma forma mais inocente, no adolescente essa maldade é bem consciente. Ele sabe como e o que fazer para atacar o outro, gerando desconforto. Muitas vezes, faz isso por defesa, mas em outras, por maldade mesmo. Como uma autodefesa ou uma maneira de se fazer notar.

Enfim, é um momento muito delicado. O caráter daquele serzinho, antes indefeso, está sendo ainda mais moldado nessa fase. Há, por instinto, uma vontade enorme de ser interessante, de agradar. E os que não conseguem isso de uma maneira natural, acabam se anulando, se afastando ou forçando atitudes agressivas e comprometedoras.

É nessa fase também que buscamos por uma liberdade que ainda não nos é permitida totalmente. Enfrentamos os pais em busca de sermos quem queremos ser, geramos mais conflitos pessoais, abusamos das novidades, entre tantas outras coisas. No entanto, ainda não somos independentes ou autossuficientes para tudo. Ainda precisamos de limites e de imposições, que só saberemos o quanto foram necessários ao chegarmos à fase adulta.

Chamando a atenção

Quantos adolescentes sofrem com a ausência da amizade dos pais e fazem de tudo para lhes chamar a atenção? Assim como era também na infância, só que agora com muito mais responsabilidades. Afinal, há pouco, na infância, todas as energias se voltavam para cuidar e educar. E depois ele precisa praticamente se virar sozinho, como se já fosse um adulto, quando ainda não é.

A sensação dolorida de estar crescendo, precisando aprender rapidamente a ir atrás dos seus sonhos e dos seus desejos, aumenta na proporção em que esse adolescente se sente incapaz, sozinho e vítima de si mesmo. E isso é o mais comum. Todos nós passamos por esse momento e sabemos o quão tudo isso acontece, em maior ou menor grau.

Entretanto, se aquela criança do primeiro capítulo teve a assistência e a parceria dos seus pais, na adolescência seguirá contando com eles. E, certamente, quererá chamar a atenção de todas as formas, seja causando problemas para si mesmo ou até para eles.

Já aqueles que sofrem por motivos diversos a ausência de seus pais, o chamar a atenção pode ser provocando situações que comprometam sua saúde e até mesmo sua liberdade.

Quantos casos existem de adolescentes revoltados, que se drogam, que roubam, que bebem e que, como consequência, se machucam, são presos ou até morrem precocemente? Muitos. São vários os motivos, mas me arrisco a dizer que a causa talvez seja muito parecida em muitos desses casos: a necessidade de ser notado, de ser visto e acima de tudo, de ser cuidado e amado.

A fase da transição é também a dos questionamentos e esses, muitas vezes, sem respostas, deixam esse adolescente desnorteado para o que é realidade e para o que é uma história criada e desenvolvida em sua própria cabeça, que ganha uma proporção enorme e o faz cometer bobagens acreditando naquilo que criou.

Quem nunca se olhou no espelho e se achou a pessoa mais feia e desinteressante do planeta nessa fase? Quem nunca se achou a ovelha negra da família? Quem nunca se viu gordo quando já estava magro? Quem nunca teve medo de descobrirem que você era apaixonado por fulano, mas achando que esse fulano nem saberia quem era você? Quem nunca disse que fugiria de casa? Enfim, são tantas coisas que se passam na cabeça de um adolescente, que pontuá-las em uma lista seria interminável.

E são eles, os adolescentes, que tendem a ser mais dramáticos ou sensíveis aos estímulos externos. Uma cobrança sutil pode se tornar motivo suficiente para gritos, declaração de ódio, revoltas. Ao mesmo tempo, pouco depois, o mesmo incompreendido já está novamente alegre, carinhoso, cheio de energia. As alterações podem variar de um indivíduo para outro, mas em geral se dão por meio de mudanças bem significativas e drásticas ou lentas e discretas. E vale ressaltar que, em maior ou menor grau, acontece com todo mundo, devido inclusive às taxas hormonais, que tendem a oscilar nessa fase.

Transição biológica

Então, quando fica definido que uma menina e um menino deixam de ser crianças e passam a ser tratados como adolescentes? Bom, acredito que para a menina é fácil perceber, já que a transição se chama menstruação. E o ciclo normalmente ocorre entre os 9 e 13 anos, podendo variar de uma menina para outra.

Sem dúvida, uma das coisas mais importantes que devem acontecer entre pai/mãe e filhos é aquela conversa necessária para explicar o que acontece em seus corpos nesse período de transição. Por mais que os adolescentes vejam matérias de biologia e ciência na escola ou falem disso entre os seus amigos, uma conversa com a figura mais próxima, que tenha tato e sensibilidade para explicar como a menstruação vem ou como acontecem as ejaculações involuntárias, é mais do que importante, é essencial.

Há muitos casos de pais que se sentem inibidos em conversar sobre essas mudanças hormonais e as consequências delas, até porque é aquele momento em que será necessário falar sobre sexo, uso de preservativos, possibilidade de gravidez.

Nos dias atuais, eu acredito que meninas e meninos já estejam sendo criados de uma forma diferente. Que assuntos como os citados acima já estejam mais presentes na pauta de conversas familiares. Na minha época não era muito assim, não. Pior ainda deveria ser na da minha mãe e avós.

Penso em como isso tudo é difícil para uma criança saindo da infância e entrando na puberdade sem uma conversa aberta sobre o que ocorre com o corpo e a sexualidade. É tudo tão novo, tão estranho.

Se com as meninas o marco da passagem de uma fase a outra é o ciclo menstrual, como os pais sabem quando chegou o momento dos meninos? Quando ejaculam? Quando têm sua primeira ereção? Quando começam a ter pelos no rosto? Pense em quantas coisas novas estão acontecendo na vida de ambos, meninas e meninos, entrando nessa fase.

Ao observar o aspecto físico, muitos jovens se angustiam com as transformações sofridas, pois é também nesse momento que as mudanças psicoemocionais acabam ocorrendo paralelamente às mudanças físicas — aumento do tecido, gordura, músculos, entre tantos outros.

Sem contar aqueles que, além de precisarem entender o que o corpo manifesta, ainda lidam com as incertezas do que são perante si mesmos.

Muito se fala hoje dos que nascem transexuais —, indivíduos que estão em um corpo desejando estar em outro — ou daqueles que sentem o despertar do desejo por pessoas do mesmo sexo. Se os pais não recebem ensinamentos de como agir diante do nascimento de um filho que vem com a incerteza de seu gênero ou de sua sexualidade, imagine como deve ser para eles lidar com essas descobertas? É uma fase difícil de viver e de se entender para ambos, pais e filhos.

Ou quando a criança nasce com alguma limitação, doença ou deficiência física. Quando pequenos, a possibilidade de gerenciamento às necessidades é grande, mas mais fácil. Mas, imagine quando esse ser especial entra na adolescência, tendo o mesmo despertar dos hormônios que todos os outros adolescentes? É preciso redobrar a tolerância, o carinho, a paciência, pois, sem dúvida, a superação será ainda maior.

Sei de casos de pais que não aceitam que seu filho tenha nascido com autismo ou Síndrome de Down, por exemplo. O autismo é bem mais difícil de ser diagnosticado, e como a Síndrome de Down, não tem cura. Na verdade, as possíveis melhoras em autistas estão ligadas justamente ao amor e à compreensão dos seus pais. Mas, nem todos os pais estão preparados para lidar com as inúmeras necessidades que uma criança especial terá. Elas são sensíveis e vivem num universo muito particular, de difícil compreensão e acesso. Mas, o amor, sem dúvida, vence tudo! Na infância ou na adolescência.

O que fará com que todo o convívio seja menos difícil ou traumático, certamente é a maneira como os pais se predispõem a aprender mais sobre o que cada uma das crianças, que nascem com características especiais, precisará ao longo da vida, da infância à fase adulta. Acredito que com o avanço das tecnologias e com a velocidade com que informações chegam hoje a cada um de nós, essas barreiras do preconceito e da ignorância tendem a ser minimizadas.

Por mais difícil que pareça ser enfrentar as necessidades especiais de um filho, entendemos que o fardo nunca será pesado a ponto de nos fazer querê-lo menos ou amá-lo menos.

É um ser humano como outro qualquer! É um ser que veio em busca de algum tipo de aprendizado e evolução. E, muitas vezes, veio para ensinar esse processo de evolução aos que estão a seu redor. Que pai, mãe, irmãos não aprendem algo a mais? Que não se modificam ou se transformam quando são expostos a situações diferenciadas?

Nesses casos, para mim, a doutrina que melhor contextualiza os possíveis motivos para que tenhamos que passar por determinadas situações e circunstâncias ao longo da vida é o espiritismo. Para essa doutrina ninguém carrega uma cruz mais pesada do que aquela que tenha escolhido, antes mesmo de estar aqui. E para toda dificuldade há algo a ser assimilado e vivido para evoluir mais como ser humano. Portanto, que tenhamos a vida e suas consequências como uma grande escola.

Abuso?

Outra questão que, muitas vezes acontece na infância e na adolescência, e é tratada com negligência, são os abusos sexuais por parte dos adultos. Ouvimos tantas histórias, que chega a ser assustador.

Sabemos que é diferente esse tipo de ação diante da figura da menina e do menino. Mesmo sabendo que há casos de meninos que sofrem abusos, são em número mais reduzido diante da massa feminina. Mas, também acontece! Há muitos meninos abusados pelo próprio pai, ou outros parentes. São histórias tristes de se ouvir, imaginemos então passar por isso quando ainda se é criança ou adolescente. Tendo vergonha de expor o ocorrido ou até sendo ingênuo demais, não sabendo bem os motivos pelos quais está passando por determinada situação.

Mas, fato é que, mesmo sabendo que há também meninos abusados dentro de casa e fora dela, as meninas é que passam por situações muito mais difíceis nesse sentido. Talvez por serem consideradas o sexo frágil e mais fácil de se manipular. Não quero levantar a bandeira do feminismo com essa afirmação, apenas constatar que sim, mulheres sofrem mais abusos sexuais desde pequenas do que homens.

Aproveito o contexto para expor um fato que aconteceu comigo e que, por muito tempo, fingi ter sido algo "normal". O achar normal fez com que por muito tempo eu achasse que não deveria falar sobre ou me sentir mal por ter vivido determinada situação, já que é assim que as meninas que sofrem assédio se sentem. Mas, depois que percebi que não se tratam de casos isolados, tive mais segurança para falar sobre as coisas que aconteceram e o quanto nos sentimos inseguras e fragilizadas. Este é um fato que assusta muito, saber que quase 100% das meninas do mundo sofrem algum tipo de abuso ou assédio.

São momentos que podem comprometer para sempre a forma de viver dessa pessoa. De se aceitar, de se entender, de compreender as mudanças em seu corpo e em sua sexualidade. Se a menina não tem apoio ou não se sente confortável para falar sobre as coisas que possam lhe acontecer, o fato se transformará em lembranças difíceis e, com isso, toda a liberdade de expressão dessa (ou desse) adolescente, tornando-o um adulto traumatizado e cheio de dificuldades na área afetiva.

Eu tinha 11 anos. Lembro-me de que ia para a escola no período da tarde e, como meus pais trabalhavam, eu ia a pé e sozinha. O trajeto não era longe, mas também não eram poucos quarteirões. Eu andava cerca de 40 minutos para chegar da minha casa ao colégio. Eu estava na fase do ginásio (hoje ensino fundamental). Meu corpo passava por muitas transformações. E foi tudo bem rápido. Lembro-me de me sentir tão despreparada para aquilo e tão verdadeiramente ameaçada, que, até hoje, ao escrever sobre o ocorrido, meu estômago se aperta. O colégio onde eu estudava, que inclusive era de freiras, ocupava um quarteirão inteiro. Para chegar à porta de acesso, eu tinha que caminhar um bom pedaço por uma rua com pouca movimentação, contornando um muro alto. Um carro parou próximo de mim, enquanto eu seguia meu caminho, e o motorista me pediu a indicação de um endereço. Eu, muito inocentemente, dei a informação que ele pediu. Ele agradeceu com um sorriso e se foi.

No entanto, quando eu estava fazendo a curva que me levaria ao portão do colégio, vi o carro vindo em minha direção novamente. Achei estranho, mas continuei. Não satisfeito, o motorista voltou e começou a andar devagar bem próximo a mim e na contramão. Foi quando aquilo começou a me dar uma sensação ruim, mas, mesmo assim, eu não corri, não gritei, não recuei. O motorista começou a falar coisas como: "você é muito bonita", "você estuda aqui", "entra que eu te dou uma carona", e coisas do tipo.

Em vez de simplesmente me apressar ou não dar atenção para ele, acabava mantendo o diálogo, talvez por educação, talvez por inocência ou talvez até por um medo inconsciente. Ele pediu para que eu me aproximasse do carro porque queria me falar algo e quando fiz isso (entenda, eu tinha uns 11 anos e ainda havia certa inocência nas minhas percepções), eu o vi com o pênis para fora da calça e se masturbando. Hoje eu posso falar exatamente com essas palavras, porque sei o que ele estava fazendo, mas naquele momento, a cena, o choque e o medo me deixaram paralisada.

Parei diante da janela do carro e não conseguia dizer nada. Lembro-me de ele começar a abrir a porta do carro e foi quando, talvez para minha sorte, os portões do colégio se abriram e saiu um monte de crianças que estava terminando seu turno. Eu me apressei para entrar e corri para o banheiro, tremendo e não me lembro ao certo o que fiz depois. Com quem falei ou o que falei.

Lembro-me de ir com minha mãe ao colégio alguns dias após o ocorrido para falar com a coordenação. Mas aquilo me deixou muito estranha e por muito tempo. Eu tinha medo de homens adultos. Eu tinha receio de andar na rua sozinha, de pegar ônibus etc. Nossa auxiliar em casa passou a me acompanhar, pois eu não queria ir para a escola sozinha. Até que mudei de turno para que meus pais pudessem me levar.

Eu fico imaginando quantas e quantas meninas nessa idade sofrem assédios parecidos com o meu. Penso em como é estar sozinha e se sentir indefesa. Penso em quantas, infelizmente, passam por situações muito piores do que a minha. Não minimizando o que aconteceu comigo, mas, ainda bem, não foi nada pior. E penso ainda mais o quanto é importante falarmos sobre casos como esses, expor situações como essas, tanto para a família quanto para a escola. É preciso muita atenção às crianças, principalmente nessa idade.

Se, no caso de um pré-adolescente, que de certa forma já tem um pouco mais de malícia, ainda que conserve a inocência, já é horrivel, pensem em como é lidar com uma situação dessas quando se é uma criança, que realmente não percebe as intenções e tem o seu corpo e sua moral violados. Enfim, são assuntos delicados e tristes, mas só no Brasil cerca de 14 crianças[12] são abusadas diariamente, sendo que quatro delas pelos próprios pais. O assunto assusta, choca e revolta. Mesmo escrevendo eu sinto essas sensações. Sinto-me impotente diante das barbáries que acabamos por ouvir e saber de fontes diversas. Mas só diminuiremos a ocorrência desses casos com informação, com relatos de quem passa por isso.

Sou a favor da denúncia[13], a favor de soltar a voz, de se fazer notar, nos casos de vítimas que sobrevivem aos ataques. No caso daqueles que infelizmente não sobrevivem, que possam servir de referência para que os que fiquem levantem essa bandeira. É inadmissível aceitar qualquer tipo de abuso, seja ele físico, moral ou emocional contra qualquer pessoa, muito menos numa criança ou adolescente, vindo de qualquer parte, mas principalmente de dentro de casa.

Primeiras vezes

A fase dos 12 aos 18 anos traz muitas descobertas. É nessa faixa etária que a maioria vive

---
12 fonte O Globo/Portal Saúde – 24/05/2012.
13 Para quem não sabe e quiser registrar, no Brasil o número para denúncias é o 181. Anote!

as coisas mais intensas e profundas, e praticamente todas as **primeiras vezes**. Primeiro beijo, primeiro namorado, primeiro grupo forte de influências, primeira manifestação da puberdade, primeira relação sexual, primeiro emprego, primeira viagem sozinho, primeira festa, primeiro contato com o mundo mais adulto, cobranças por responsabilidade, primeiro experimento a coisas ilícitas e lícitas também. Enfim, cada fase traz suas primeiras vezes, mas na infância tudo está sob os cuidados e olhos dos pais ou dos adultos responsáveis. E na adolescência não.

A psicologia explica tudo isso de forma muito mais expressiva do que minha humilde tentativa, mas, expor as minhas experiências pessoais poderá contribuir para que você se identifique com as situações que aponto aqui. E até pode servir para que os pais estejam mais atentos aos seus filhos quando chegarem à adolescência. Não que eles já não saibam que seus filhos passarão pelos mesmos momentos que eles próprios já passaram, mas o fato é que quando se é pai, parece que o que foi vivido na adolescência se apaga ou simplesmente acham que seus filhos evitarão viver experiências similares. E lamento dizer: isso não acontecerá! Da mesma forma que você viveu sua curiosidade, seus filhos também viverão. Alguns, por conta de sua personalidade ou forma de agir, farão até menos coisas que você, ou mais; porém, é preciso permitir que vivam e descubram as coisas com suas próprias experiências. Claro que a educação que for dada aos filhos é que resultará em consequências boas e não ruins, mas sempre digo que sou a favor de que todos tenham liberdade para experimentar aquilo que quiserem e só dessa forma saber o que gostam ou não. Tudo com responsabilidade, mas vivendo experiências, sim!

Devemos nos lembrar de que tudo o que é proibido parece mais atrativo e mais gostoso. Para os adolescentes então, mais ainda. Pois dá aquela sensação de liberdade, como se ao fazer algo que dizem para não ser feito, você ganhará mais *status* entre os amigos. Por isso, é tão bacana os pais conversarem com seus filhos sobre limites e limitações. Não para lhes dizer que não devem fazer isso ou aquilo, e sim para saberem quais serão as possíveis consequências de determinadas escolhas e vontades. É na fase dos 10 aos 13 anos que, em média, acontecem os primeiros beijos. A princípio, acredito que a experiência pareça esquisita para a maioria. Mas, é nesse momento, nessa primeira vez dentro dessa fase, que são despertadas aquelas sensações de euforia, das famosas borboletas no estômago, de sentir o corpo mole enquanto acontece o processo todo. O mais bacana é que toda primeira vez é tão marcante, que podemos recordar com nitidez a sensação física que foi desencadeada, a roupa que usávamos, se tocava alguma música e qual era ela, e tantas outras coisas, pois há uma participação intensa da nossa consciência naquele momento.

No meu caso, o primeiro beijo aconteceu com um amigo de um vizinho que tinha uma banda de *rock*. Ele se tornou meu primeiro namorado. Com ele aprendi a gostar de Nirvana, U2, Red Rot Chilli Peppers, Pearl Jam, Legião Urbana, Paralamas do Sucesso, entre outras bandas daquela geração. Músicas sempre pontuaram as fases de minha vida e me ajudam a ativar sensações e recordações. Acontece isso com você também?

Passam-se anos e, de repente, toca aquela música que reativa todas as memórias de uma fase que já ficou distante no tempo e no espaço da sua vida! Mas como é gostoso, né?

Se, para mim, o primeiro beijo foi um momento marcante e feliz, a sensação não será igual para adolescentes que tenham esse momento forçado ou exigido por alguém. Há tantos jovens pelo mundo que são obrigados a iniciar a vida sexual por imposição familiar ou por necessidade de sobrevivência, entre tantas outras coisas, que o beijo passa a ser apenas uma coisa mecânica e sem emoção. Por isso, é tão importante que cada ser humano tenha a oportunidade de conhecer cada uma de suas etapas da vida e vivê-las.

Outra das lembranças que tenho é de quando eu tinha 14 anos. Gastei um dinheiro que tinha ganhado em mesadas com uma camisa da Ralph Lauren. Meus pais nunca me incentivaram a gastar dinheiro com essas coisas, ao contrário, sempre me mostraram como objetos são momentâneos e passageiros. Ainda que todos nós tenhamos nosso lado consumista.

No entanto, eu era adolescente e queria me sentir aceita no grupo de amigas com que andava. Todas elas tinham camisas Ralph Lauren. E para ir às festinhas com elas eu não queria usar algo diferente. Mas, o que mais me lembro, é que quando cheguei em casa, meu pai brigou comigo por conta do meu consumismo. Dizia que era um absurdo gastar dinheiro numa camisa só porque ela era de grife. E isso me marcou muito. Mas me marcou mais ele dizer: "se quer comprar coisas de marca, comece a trabalhar".

Ele não falou aquilo por mal, sem dúvida queria que eu valorizasse mais o dinheiro que eles tinham de dar duro para ganhar. Mas eu tinha 14 anos! Primeiro que eu não achava que tinha de trabalhar com aquela idade; e segundo, talvez ele não visse naquela necessidade, que eu tinha de fazer parte de um grupo, algo importante. Afinal, talvez para ele não fosse assim quando tinha a mesma idade que eu. Mas, para mim era. E sei que há muitos nessa idade que têm dificuldade em se sentir aceitos em grupos e fazem de tudo para serem como seus amigos.

Para mim, na época, lidar com esta sensação de negligência com a minha necessidade me fez sofrer bastante, mas superei. Eu questionava o quanto era importante a minha vontade. Por que, afinal, eu não podia querer coisas, só por ser sustentada por eles? Mas, então, quem eu poderia ser?

> A juventude é afoita, faminta e estabanada por saber ou, muitas vezes, indolente. Os jovens não estariam preparados para entender a justiça, a coragem e a prudência sem uma formação teórica adequada e um leque maior de experiências.
>
> Clóvis de Barros Filho

Nessa idade eu chegava também ao final do ginásio. Agia tal como toda garota dessa idade age, queria que me notassem. Fazia uma porção de besteiras para conseguir isso. Como a vez em que resolvi fumar um cigarro aromático dentro da sala de aula, em um colégio de freiras! Isso me rendeu uma suspensão. E mesmo assim, nos sentimos *o tal* quando quebramos regras ou quando nos destacamos negativamente. Hoje, percebendo a bobagem da atitude, penso que todos deveriam evitar fazer coisas como as que fiz, levando em conta a consequência que tive. É importante ter suas experiências, mas é importante lembrar-se também de que sua liberdade acaba quando começa a do outro. Todo adolescente precisa ser responsável sim por seus atos e por suas decisões, mas, tal como pai e mãe quando querem nos trazer algum ensinamento, esse tipo de percepção só se ganha depois de passar por determinadas experiências. Só sugiro que, se você ainda é um adolescente e está lendo este livro, tenha ciência de quem não é preciso ter atitudes negativas para chamar a atenção dos outros. Você também consegue se destacar quando faz coisas boas!

Ser uma pessoa que age diferente da maioria, que se destaca por fazer bobagens, que quer parecer *cool*, no fim, pode ser muito ruim. Os adolescentes mudam, mas as atitudes são as mesmas. E o que faz que a maioria passe por essa idade sem querer fazer nada de errado para chamar a atenção é a forma como foi criada, sem dúvida! De qualquer maneira, a maioria acaba fazendo uma coisa ou outra na tentativa de experimentar as novidades que estão à disposição.

Tal como as crianças, a maior parte dos adolescentes possui um desejo de querer ser visto, de sentir-se integrado, de se destacar entre tantos outros.

Como acontece com todos nós, os adolescentes têm momentos de grandes conflitos internos, de fazerem coisas que não julgam certas, mas que sabem que, dessa forma, aparecerão mais, seja para o grupo no qual estão ou até mesmo para se fazer notar dentro de casa.

Quando eu ainda era criança, reclamava e muito com minha mãe por ela fumar. Eu ouvia aquelas coisas que diziam sobre a saúde de quem fumava e me lembro de pedir para ela parar, pois não queria que ela morresse doente por conta do fumo. Não sei se a atitude dela de largar o cigarro teve algo a ver com esse pedido, mas ela parou.

No entanto, bastou eu estar diante desse momento de experimentar coisas, para colocar um cigarro na boca. Isso aconteceu quando eu tinha 12 anos. Foi no banheiro de uma vizinha e o primeiro cigarro que experimentei foi o de cravo, o que não tornou a experiência tão ruim. Porque o fumo comum tem um gosto horrível.

Mesmo! Não tem como dizer que é algo gostoso porque não é. O que está embutido no ato de fumar é o que pode torná-lo interessante. Tudo bem que no meu caso estava com apenas uma amiga e em um banheiro, ou seja, não havia muita gente para querer impressionar, mas bastou aquela primeira vez para que pelos dez anos seguintes eu cultivasse o hábito ou vício de fumar.

Outro vício que anda junto com o cigarro e com todas as primeiras vezes na vida de um adolescente é a bebida. Logo após o episódio do cigarro, veio aquele do primeiro beijo. Como comentei, meu primeiro namorado era de uma banda de *rock*. O que mais clichê que um roqueiro, que bebe, fuma e tem cabelo comprido? Pois bem, foi para me ver inserida nesse contexto que, claro, eu também acabava por fazer muito do que todos eles faziam.

Algo que percebemos muito nessa idade difícil é que a personalidade do indivíduo se molda de acordo com os grupos com que convive. E podem ser muitos. Podemos variar e seguir tendências de acordo com as pessoas mais próximas a nós. É como uma busca incessante por aquilo que realmente somos, mas mascarado por uma diversidade de outras pessoas que não somos. Essas camadas na nossa personalidade escondem a nossa verdadeira essência, e é mais forte na fase adolescente. Só que precisamos dela para nos encontrar e para definirmos onde queremos e com quem queremos estar.

Sem dúvida, é também nessa etapa que nos conectamos com pessoas que poderão se tornar nossa segunda família. Alguns conseguem se manter em grupos desde a infância, mas são poucos, levando-se em conta o quanto as pessoas migram e mudam ao longo de uma vida.

Eu mesma já não sei mais por onde estão aqueles com quem iniciei minhas experiências fora da minha família, salvo algumas exceções que reencontrei por meio das redes sociais. Seria interessante saber como cada um seguiu com suas vidas. Sei de alguns que já se foram e por inúmeros motivos: doenças, acidentes, infortúnios etc. De qualquer forma, assim como os que conheci, eu também já não sou a mesma e não vivo no mesmo lugar em que nasci.

Pesquisando entre algumas pessoas, pude perceber que todas, sem exceção, têm dificuldade em lembrar nomes de amigos ou de professores, salvo aqueles que os marcaram por motivos específicos. No entanto, a maioria consegue lembrar-se das músicas que mais deixaram lembranças, por certamente terem sido trilha sonora de momentos significativos.

Outra constatação é a de que é muito mais comum nos lembrarmos de episódios dolorosos ou tristes que daqueles que nos remetem a momentos de felicidade. E por que será? Por qual motivo deixamos que as emoções mais densas ganhem maior espaço dentro de nós? Talvez, por que prolonguemos as sensações que elas nos trazem. Não que os momentos felizes não sejam também prolongados, mas eles nos fazem sentir leveza e bem-estar; já os pesados, nos deixam cansados, tristes, até doentes, e isso, sem dúvida, tem uma dimensão maior e nos coloca mais em alerta.

Quem tem a habilidade de passar por cima de situações e momentos ruins, conseguindo esquecê-los, tal como muitas vezes também não nos lembramos de tudo que vivemos em viagens, passeios e no contato com pessoas bacanas, sem dúvida, consegue se sentir mais pleno e feliz. Essa habilidade de diluir do inconsciente registros negativos contribui para uma evolução mais limpa e mais promissora. E, sem dúvida, para uma prevenção a doenças psicossomáticas, como câncer ou depressão.

Consigo avaliar a quantidade de transformações pelas quais passamos nessa transição infância/adolescência, observando que não só o corpo muda, mas mudam também os grupos com os quais convivemos. E com isso, muitas inseguranças, medos, complexos, inveja, mentiras, discussões, revoltas, conquistas e perdas.

Foi dentro desse período que, certamente, minha relação dentro de casa foi pior. Eu sou sagitariana, intensa, por vezes, dura, autoritária, mas acima de tudo, verdadeira, transparente e autêntica. Nem sempre as qualidades e defeitos que carregamos conosco nos possibilitam conviver em paz com os que amamos. Mesmo que eles se esforcem para aceitar quem nós somos, cada um tem o seu jeito de ser, seu jeito de amar, seu jeito de reagir às coisas, seu jeito de aceitar. E, consequentemente, os que mais têm de lidar com quem somos em cada fase são os mais próximos.

No meu caso, minha relação pai e filha foi por anos muito turbulenta. Desde que comecei a trabalhar, lá pelos 14 anos (e na verdade antes disso também), eu passei a impor mais meus anseios de liberdade. Afinal, se eu já era apta a estar no mercado de trabalho, ganhando e lidando com responsabilidades, eu poderia também ir e vir como bem quisesse. Certo? Não, errado! Errado porque essa independência só existe quando você resolve, junto com essa atitude, sair também da casa dos seus pais. Afinal, enquanto você estiver vivendo na casa da sua família as regras que valem são as dela.

Para um adolescente birrento e teimoso, isso é algo difícil de aceitar. Há famílias mais flexíveis, mais tolerantes e que permitem uma liberdade diferente. No meu caso, isso aconteceu a trancos e barrancos. Meu pai e eu brigamos muito e, por vezes, nos maltratamos muito também. A superação das marcas que essa relação dura deixou na fase de transformação foi das mais difíceis. Demorou para cicatrizar. Mas foram necessárias para que na minha educação eu aprendesse onde estavam os limites e onde estavam as obrigações.

Eu briguei, esperneei, chorei, apanhei, bati, gritei, mas, acima de tudo, eu aprendi. **E de todo o processo o mais importante é o aprendizado que se tira das experiências que se tem.**

Por exemplo, na educação que recebi, dura ou não, eu sempre soube que se fizesse alguma coisa errada, teria como consequência o que viesse dos meus atos e que a responsabilidade seria totalmente minha. Meu pai bradava em alto e bom-tom que caso eu fosse pega bêbada, ou com drogas, ou roubando, ou brigando, ou cometendo algum ato ilícito, que ele não interferiria de forma alguma para me livrar do resultado. Com isso, eu sempre andei na linha, mesmo tendo minhas primeiras vezes para muitas coisas.

Todo adolescente tem aquele ar de super-homem ou supermulher. Aquela sensação de que com ele nada irá acontecer. Talvez seja por essa falsa percepção que a maioria comete erros tolos com consequências marcantes e dolorosas.

E assim, como a maioria dos que vivem a adolescência, eu conheci um pouco de tudo. Na diversão das festas, o contato com drogas e bebida. Momentos de total entrega a isso, que mal me lembro das coisas que fiz. Cheguei a trabalhar à noite, com festas na capital paulista, onde vivia, e esse era um dos motivos maiores das minhas discussões em casa. Eu chegava de madrugada, muitas vezes, sob efeito do que havia consumido durante a noite. Ou dormia na casa de alguém, sem avisar. Não eram motivos para deixar tranquilo e feliz um pai e uma mãe.

Hoje, ao me lembrar e conseguindo me colocar mais no lugar deles, imagino como deveria ser difícil não saber onde sua filha estava, nem com quem estava e menos ainda o que estava fazendo. E é assim com todo pai e mãe quando o filho começa a ir em busca da sua liberdade e das suas descobertas.

Deve dar um medo muito grande devido à falta de controle que se tem, já que todos sabem que cedo ou tarde o filho sai desses cuidados e vai para o mundo. No entanto, todo adulto já foi criança, já foi jovem e já teve seu momento de experienciar um pouco de tudo, cada um à sua época.

Acho que vale aqui uma reflexão! Eu acredito que nunca me meti em nenhuma enrascada ou nunca sofri nenhuma lesão mediante algum acidente ou qualquer outra coisa por um motivo: a educação que tive. Tendo sido ela difícil e com a ausência dos meus pais em várias fases, com discussões, com brigas, com desentendimentos, com momentos de tristeza, mediante a tudo o que foi acarretado por conta disso, eles acertaram.

Eu me impunha limites. Eu tinha medo das consequências de atos perigosos. E, certamente, por isso, eu nunca fiz nada que pudesse me colocar em situações de arrependimento maior. Experimentar coisas, até por conta das influências que recebemos dos amigos que temos, faz parte e julgo até necessário. É importante que tenhamos noção do que nos faz bem ou não. Mas, mais importante é saber até onde podemos ir para não nos prejudicarmos e menos ainda, não causar nenhum mal aos que amamos.

Transições

Voltando um pouco no tempo, antes de passar por todos os pontos citados acima, eu fui daquelas adolescentes que não gostavam de estudar. Eu gostava era de fazer amigos. Essa falta de consciência com a importância dos estudos e não deixar pendências ao longo do ano, me fez obviamente colher as consequências. Como, por exemplo, mudar de escola mais de três vezes no período do ensino médio ou perder um ano por falta de dedicação com a escola, repetindo a sexta série.

Essa experiência do "repeteco" escolar foi bem marcante, porque passei a entender que quanto mais negligenciasse meus estudos, mais retardaria o final deste ciclo. Sem contar que nessa ocasião eu perdi uma viagem com meus pais e ainda os amigos que passaram para a próxima série, enquanto eu ficava na mesma.

Se valer a reflexão, tanto para os estudantes como para os pais, é importante observar que todos nós temos tempos diferentes para assimilar determinadas coisas, inclusive a importância com os estudos. Mas, certamente, se for mostrado ao adolescente o quão valioso é o conhecimento e o quão importante é vivenciar essa etapa, sem fugir dela, a percepção do estudante tende a melhorar.

Incentivos, participação, interesse pelo processo, acredito que tudo isso seja fundamental para que o adolescente sinta que não se trata apenas de uma obrigação e sim de um passo essencial em sua formação.

Eu me sentia obrigada a estudar na época, quase como um castigo. Depois que me dei conta do que perdi quando repeti a série, observei que quem não estava valorizando aquele momento era eu. Não só o momento em si, mas todo o esforço que meus pais faziam para nos manter estudando. Ao repetir, eu fiquei triste por isso, mais do que por ter de refazer o ano letivo. Porque não era só eu que estava perdendo, eram eles. Doze meses de investimento jogados fora.

O adolescente fica tão mascarado por suas emoções, que na hora não se dá conta disso. Mas vale a pena reforçar isso, aproveitando a oportunidade. Estudar custa caro e não pelo dinheiro somente, mas pelo tempo que investimos nisso! É preciso valorizar esse tempo, pois, como falei lá no início do livro, esse é o maior presente que recebemos todos os dias.

Quando terminei o ginásio, o encerrar desse ciclo foi um dos mais duros para mim. Tinha 14 anos e já tinha começado a trabalhar, como comentei. Mas, junto a isso, precisei sair do colégio em que estudava, de novo, porque meus pais diziam que só seguiriam pagando meus estudos se eu fizesse um colegial técnico. O Brasil vivia sob uma instabilidade econômica grande e isso lhes dava medo.

Foi um corte muito brusco com um grupo de amigos que me acompanhou durante alguns anos. A maioria que findou o oitavo ano comigo, seguiu no mesmo colégio e eu fui para outro, tendo que começar um relacionamento com pessoas novas, outra vez.

Quando meus pais me noticiaram que eu não faria o colegial normal e que faria um colegial técnico que me garantisse um diploma de alguma coisa, não importando muito se era o que eu queria, eu chorei. Chorei de tristeza, de raiva, de birra, de irritação. Tudo o que a idade potencializa! E depois que já estava ali, começando o curso, conhecendo pessoas novas, descobrindo um novo universo, eu os agradeci por terem me incentivado naquele caminho.

Pude aprender muitas coisas nos anos que se seguiram, após essa minha iniciação ao emprego convencional, mas, sem dúvida, o curso técnico contribuiu para que eu conhecesse mais de marketing, relacionamento interpessoal, atendimento, planejamento financeiro, entre outras coisas, que se refletiu positivamente naquela época e em toda a minha vida. E segundo, porque me estimulou a querer aprender muito mais sobre o mercado de trabalho, me preparando para tantas experiências, que viriam na soma desses ensinamentos.

Do colegial técnico eu guardo uma lembrança doce e uma gratidão muito grande, pois foi ali que conheci minhas amigas/irmãs. Foi por meio dessas amizades que vivi essa fase final da adolescência, tendo momentos inesquecíveis. Viajamos muitas vezes para vários lugares. Aprendemos a dirigir, a ir às festas (mesmo ainda não sendo maiores de idade), a compartilhar conquistas, a dividir decepções, a comprar a briga uma das outras, a aprender a lidar com as inúmeras diferenças que nos uniam, mesmo com discussões e brigas, tais como os laços fraternais.

O colegial técnico me proporcionou também reconhecimento, experiências profissionais, professores inesquecíveis e até esse desejo por escrever. Isso nos faz refletir que, muitas vezes, lutamos contra algo sem saber ao certo o quanto aquilo poderá agregar de valor à nossa vida. Como em todas as fases, não temos como antecipar as consequências de nossas escolhas e nem se serão boas ou ruins, até que tenhamos passado por elas. **Há dentro de nós medo pelo novo, insegurança pelo desconhecido, tristezas pelo encerrar de ciclos; mas, muitas vezes, é em tudo isso que se esconde uma nova oportunidade para ser feliz!**

Quando terminei o curso acabei indo para a faculdade de jornalismo, aproveitando a área da comunicação que já havia iniciado. A sensação que dá quando entramos para a faculdade é a de que o mundo passa a cobrar de nós uma atitude mais adulta, mesmo que você ainda esteja na casa dos 18 anos.

Hoje, quando olho para uma pessoa com essa idade, vejo uma criança grande e não um adulto. Na verdade, às vezes olho para pessoas com 40 anos e tenho a mesma sensação. Mas, o fato é que com 18 anos, mesmo que aqui no Brasil isso represente a maioridade, o comportamento muda pouco.

Não acho que uma pessoa que seja maior de idade tem com isso maturidade suficiente para enfrentar as cobranças e pesos de grandes decisões. E, é isso que se espera de todas aquelas que saem do ensino médio, que a pessoa já saiba o que quer fazer no nível superior, traçando um plano pontual para um futuro que ela não conhece. Como se algo muito importante tivesse acontecido nessa transição. Vejo isso como um paradigma a ser mudado!

Na verdade, esse paradigma em que está estacionado o ensino escolar precisa urgentemente passar por uma transformação. Se há algo que pouco mudou nessas últimas décadas foi o currículo escolar, que segue tratando crianças e jovens da mesma maneira, diante de um mundo completamente diferente. Há tempos não vemos alterações na educação e, quando houve, foram mínimas. A forma de ensino é limitante e gera frustrações. Não é só a implantação de novas tecnologias que proporcionam um novo ensino, é principalmente a maneira de ensinar!

O mesmo tipo de ensino é passado a milhares de cabeças que pensam de forma diferente, como então almejar resultados diferentes? Vemos avanços tecnológicos acelerados, que nos trazem inovações continuamente na maneira de nos comunicarmos, de nos locomovermos, entre tantas outras coisas, mas seguimos tendo que levar as crianças para creches, escolas primárias, ensino médio etc. com o mesmo tipo de padrão de ensino.

Algo parece errado, não acha? Há que buscar formas de instigar em cada novo indivíduo o despertar de suas potencialidades. Até porque, com a internet, não há nada que queiramos descobrir e aprender que não se possa conseguir através dela. Então, por que seguir livros tendenciosos e influenciadores? Matemática é importante? Sim, mas será que a maneira de ensiná-la está sendo eficiente? Será que é necessário ensinar coisas que alguns nunca precisarão usar em sua vida? Geografia, História, Ciências? Também. Mas, se desde o momento em que se percebe as tendências de segmento que as crianças têm e despertam, para que impor um conteúdo que elas não vão valorizar?

E outra pergunta interessante é: provas? Julgar seu conhecimento, sua capacidade de aprendizado, de absorção de conteúdo por meio de perguntas e respostas padrões? Tem mesmo algo errado aí, e acho que estamos em um bom momento de questionar isso e sugerir mudanças.

Recentemente, tomei conhecimento da Escola da Inteligência[14] — educação socioemocional, desenvolvida em parceria com o doutor Augusto Cury. A proposta desse projeto é bem especial. A ideia é incluir uma disciplina, na grade escolar de todas as idades, que foque no desenvolvimento humano. Que proporcione, junto ao conteúdo base de ensino, ferramentas para tornar esse aluno mais comprometido com o processo de crescimento e amadurecimento.

Como citei anteriormente, houve poucas mudanças, mas há interessados em contribuir para que algo mais expressivo aconteça e colabore com a pessoa que está por trás do estudante. Esse que será um adulto e precisa de bases sólidas para vencer os desafios das fases de seu crescimento.

Segundo o site do projeto, "a metodologia desenvolvida promove, por meio da educação das emoções e da inteligência, a melhoria dos

---
14 http://www.escoladainteligencia.com.br/escola-da-inteligencia/

índices de aprendizagem, redução da indisciplina, aprimoramento das relações interpessoais e o aumento da participação da família na formação integral do aluno. Todos os envolvidos — professores, alunos e familiares — são beneficiados com mais qualidade de vida e bem-estar psíquico". Sem dúvida, a se pensar! Valeria a pena diretores e coordenadores pedagógicos avaliarem a possibilidade de inserir um programa como esse em todas as escolas do Brasil.

E na fase de pré-adulto essa cobrança exaustiva que se faz para que o jovem decida o que quer fazer, supostamente pelo resto de sua vida, pode confundi-lo ou pressioná-lo a iniciar algo que talvez nem seja o que realmente gostaria para o seu futuro. Acho que essas decisões poderiam vir de maneira mais natural e sem tantas exigências.

Há um engessamento que se instalou e sofreu poucas alterações nessa área da educação. Mas, podemos ver um grupo, ainda pequeno, contestando. Mesmo que por ora sejam vistos como rebeldes, como uma geração de desapegados, eles são o sopro de um futuro diferenciado. Eu vejo como uma era de inovação. Na verdade, mais que isso, sinto um ar de libertação. Dar liberdade para que possam definir como querem viver suas vidas, seus dias, suas horas, faz que os seres humanos estejam mais leves e felizes, e talvez, menos perturbados e insatisfeitos!

Esse tipo de pressão forma pessoas desnorteadas, que muitas vezes não sabem sua vocação, já que não tiveram a oportunidade de sentir qual seria a "sua". Essa exigência de que haja um posicionamento do que se quer ser no futuro, sendo questionada com apenas 18 anos, pode minar não só a liberdade dessa pessoa, como também sua possibilidade de ser verdadeiramente feliz com suas escolhas.

Quantos frustrados já conheci? Quantos fizeram opção por faculdades que em nada tinham a ver com sua personalidade? Quantos dedicaram anos a um curso que não representava exatamente o que gostariam de fazer? Quantos seguem em dúvida? Quantos largam tudo no meio do caminho e começam outra vez num lado oposto ao que estavam? Quantos sofrem em silêncio para não decepcionar a família? Quantos se sentem oprimidos pela cobrança social? Quantos entram em choque de personalidade por não saberem se esse seria o futuro ideal? Quantos com tantas dúvidas na mesma fase da vida? Se você tem um filho/filha que esteja encerrando a fase adolescente e prestes a ter que optar por uma carreira ou um norte profissional, em vez de pressioná-lo a isso, que tal deixar que ele siga seu instinto e coração? Eu não estou incitando o comodismo ou a anulação de um seguimento após o ensino médio, mas será mesmo que precisamos correr tanto para sermos qualquer coisa, apenas porque dizem que tem de ser assim? Eu sugeriria um ano sabático depois de findado o ensino médio. Doze meses para esse jovem sentir o que absorveu nos últimos anos de estudo antes de começar outro curso.

Considero que esse conceito de que temos que nascer, estudar, trabalhar, casar, ter filhos etc., já anda bem fora de moda. O que vemos atualmente é um comportamento diferente e que tem proporcionado mais autonomia aos jovens, dando-lhes a opção de ir em busca do que lhes faz feliz e não da falsa ideia de que o que a pessoa precisa é ir atrás de uma carreira e de muito dinheiro.

Pense: se posso viver uma média de 75 anos, porque teria eu que saber o que quero ser aos 18?

Não posso querer fazer e ser muitas coisas ao longo da minha existência? Acho que sim! Acho que não precisamos e nem devemos estar condicionados a crenças e padrões. Já passamos por isso, nossa era e nossas gerações hoje são outras.

Atualmente, uma pessoa com 18 anos (e até com bem menos que isso) já pode ter muito mais sucesso que aquelas que seguiram esse roteiro, pois com as possibilidades de profissões digitais que surgem diariamente, não é necessário cobrar e pressionar tanto para que tudo seja feito às pressas. Se houver uma boa orientação, um bom papo sobre tudo o que envolve as decisões, teremos pessoas mais livres e aptas a ser o que quiserem ser.

Ampliando horizontes e lidando com as decepções

Lembro que foi nessa idade, dos 18, que decidi fazer meu primeiro intercâmbio. Mas me lembro também que o que me motivou a isso foi uma das minhas primeiras decepções amorosas. Quando houve o rompimento de um relacionamento, que havia sido meu primeiro namoro, sentia um vazio muito grande e achava que aquela dor não passaria nunca! Ainda agora ao escrever sobre isso lembro claramente da cena: eu chorando compulsivamente no chão da cozinha da casa da minha mãe como se o mundo fosse acabar, podendo ser comparada às cenas de novelas mexicanas.

Pois bem, não acabou. Ao contrário, seguiu e segue girando até hoje! E no fim, nem foi tão grande assim, foi apenas a primeira e tudo em sua primeira vez tem uma proporção maior do que a realidade. Essa é outra característica da fase adolescente, nós sempre achamos que tudo pelo que passamos é mais difícil, mais doloroso, mais pesado do que o que acontece no resto do mundo.

Mas, foi essa dor que me levou a querer não estar perto dos amigos em comum ou das novidades que vinham deles sobre a pessoa em questão. E, para isso, eu decidi viajar sozinha pela primeira vez. Com a ajuda dos meus pais e com a soma das minhas reservas, lá fui eu, nas férias da faculdade, para minha primeira viagem para fora do país, sozinha. Quando eu entrei no avião muitos dos outros intercambistas, que a princípio também viajavam sozinhos, começaram a interagir e a se relacionar com o intuito de chegar à Espanha, em Salamanca, já entrosados. E assim foi. Um grupo com cerca de 15 a 20 integrantes, jovens, curiosos, loucos para viver a liberdade que tinham. E que deliciosas descobertas.

Se eu pudesse dar uma dica ou sugestão para você seria: caso haja possibilidade para isso, proporcione essa experiência ao seu filho adolescente. Tirá-lo da zona de conforto, colocá-lo em situações de integração com outra cultura, com outro país, com outros grupos, faz que o viajante volte muito mais maduro, mais participativo, mais consciente e acima de tudo grato pela oportunidade. Dessa forma, em sua maioria, se tornará uma pessoa mais envolvida e mais participativa, tanto dentro da família como em outros grupos da sociedade.

No meu caso, ao chegar a Salamanca, na Espanha, fui uma das poucas que havia decidido ficar em casa de família e não no alojamento estudantil. Um primeiro arrependimento, pois depois foi possível ver a liberdade que parte do grupo tinha ao estar na casa de estudantes. Mas, estar na casa de família, me permitiu aprender com profundidade a língua e me sentir pela primeira vez dependente de mim mesma para interagir, participar e me relacionar com pessoas que eu nunca havia visto em minha vida. Foi realmente transformador.

E, na volta para o Brasil, o amor maior do mundo que doía parou de doer. Deu lugar a inúmeras outras relações melhores que aquela, sem dúvida. A experiência fora e distante da realidade em que estava, me fez enxergar a grandeza do mundo e as possibilidades que existem para o ser humano ser melhor. Tanto para si quanto para o mundo! Para além de, daquele episódio em diante, diminuir a intensidade das coisas que aconteceram em outras fases da adolescência. Já conseguia minimizar as reações emocionais e dar menos importância a coisas que realmente não tinham mesmo real importância.

Acredito que a fase em que mais somamos e multiplicamos amigos é nessa: a adolescência/juventude. Quando ainda temos tempo para preservar e valorizar a vida com amigos, sem estar inserido numa rotina de múltiplas tarefas. É nessa fase também que sentimos o quanto somos influenciáveis e como facilmente podemos migrar de um grupo a outro sem nos sentirmos constrangidos ou inseguros. Ao contrário, queremos nos sentir aceitos!

Sou grata por poder manter essas boas relações até hoje. É gratificante saber que temos com quem contar, que nos conhece de maneira verdadeira, em nossas particularidades, sem julgamentos.

São esses amigos da vida que respeitam nossos defeitos, pois aprenderam a lidar com eles. São os que recebem notícias boas e ruins e dividem os sentimentos conosco. São eles também que seguram a sua mão nas perdas e comemoram suas conquistas. Com eles, escrevemos boa parte de nossa história e sem dúvida, carregamos para a fase adulta, por escolha, por desejo, por se tornarem a extensão de nossa família.

Todas as pessoas, que em algum momento passaram por nossas vidas, tendo elas ficado por pouco ou muito tempo, já estiveram conosco também em outras vidas. São conexões que têm algo a acrescentar ou de alguma forma acontecem para nos fazer resgatar alguma coisa que não ficou bem resolvida em um passado distante. Por isso, é tão importante preservar e cuidar dos relacionamentos que fazemos nesta existência, eles têm um grande valor na formação da pessoa que somos e que queremos ser.

Filhos na adolescência

Não raro acontece de vermos adolescentes gestantes. Algumas ainda consideradas crianças que carregam crianças. Pude ver isso acontecer de perto mais de uma vez. Na primeira delas eu ainda tinha uns 16 anos. Era uma amiga que vivia numa família mais humilde e não muito estruturada. Não que isso seja desculpa para o descuido dela e do namorado, mas, ela engravidou. Foram meses tentando esconder a barriga dos familiares. Ela tinha sorte que era bem magra, e claro, a barriga só foi aparecer nos meses finais. Quando a família soube, não foi uma festa. Houve muito choro, muita tristeza, muito medo e insegurança. O pai da criança não tinha muito mais idade que ela. Foi duro quando a bebê nasceu e eles foram colocados a par dessa realidade. Era um ser vivo, uma pessoa. Não um brinquedo. Ver o esforço que faziam para poder cuidar e educar aquela pequena, sem terem estrutura para tal, junto ao desejo de terem liberdade, foi triste. Mas eles superaram.

Houve apoio familiar, após o susto. E tudo são escolhas. Ambos poderiam ter escolhido outros caminhos, propícios e comuns para a época, como abortar aquele filho. No entanto, assumiram a responsabilidade e até onde sei, a mãe, a filha e o pai têm vidas bem realizadas. Ainda que não juntas. O casal não se manteve junto por muito tempo, o que também já era comum na década de 1990 e hoje em dia então, ainda mais. Mas deu certo. Dentre as escolhas que fizeram, acertaram. E essa é apenas uma das histórias que teria para contar sobre o tema. Essa realidade se repete muito ainda hoje, e milhares de adolescentes acabam grávidas. Um dos motivos disso acontecer é a curiosidade de experimentar o sexo, sem saber como se prevenir.

E como há muitas crianças precoces, o número de crianças gerando crianças ainda é grande. Essa realidade é lamentável e desestrutura todo o crescimento de ambas. Mãe que não sabe ser mãe, que, de certa, forma não terá como assumir essa responsabilidade. A família tendo que de alguma maneira lidar com o momento. A criança que chega também sobre uma carga de energia pesada e difícil. E como evitar que isso aconteça? Há dois caminhos: o de dentro de casa, em que há uma boa comunicação a fim de auxiliar na informação de como se deve evitar o sexo sem prevenção e o da escola, em que se deve falar abertamente sobre esse momento com os recém-adolescentes. Tive amigas que engravidaram com menos de 20, com 20 e poucos e tenho aquelas que, como eu, seguem sem filhos por opção. Algumas que ainda desejam ter filhos, outras que nunca quiseram e seguem não querendo. Mas a reflexão é: não há mais desculpas hoje em dia para um casal de namorados ter uma gravidez indesejada. Se nos anos 1980/1990 falar de preservativo, contraceptivos ou a tal pílula do dia seguinte era considerado quase um tabu, nesta década, o que não faltam são campanhas publicitárias de todos os tipos sobre meios de evitar a gravidez.

Ainda que alguns adolescentes — e isso não muda de geração para geração — tenham mais vergonha de pedir o uso da camisinha ao parceiro ou até evitem o sexo, caso não haja como se prevenir no momento, dificilmente adolescentes não tem informações sobre prevenção. Todos têm! Os meios de comunicação gritam isso todo o tempo.

Sofrem com a gravidez indesejada aqueles que, por falta de oportunidade, não estudam; aqueles que não têm orientação nem dentro nem fora de casa; ou aqueles que acabam sofrendo abuso. Ou quando realmente acontece algum erro de percurso — o que não é impossível —, como a camisinha estourar, vazar, ou a pílula anticoncepcional não funcionar. Mas são casos muito mais raros.

Conexões em tempos de redes sociais

Pois bem, mas se algo mudou muito desde a década de 1990 (em que eu era adolescente) até o século XXI, foi a maneira como os jovens se relacionam. Lá atrás, há mais de 20 anos, a forma como nós nos comunicávamos com os amigos e os casos amorosos era por telefone.

Sim, telefone! Não esse *smartphone* cheio de aplicativos e modernidades que facilitam a maneira de se conectar com as pessoas. Era aquele telefone fixo, parado em algum canto da sua casa, com botões ou com aquela roda de acrílico em que você colocava o seu dedo no número até completar a volta. Talvez você, se tiver uns 20 anos, nem saiba a qual modelo de aparelho me refiro. Mas, se pesquisar no *Google*, encontrará referências com facilidade.

Fato é que o telefone fixo nos deixava muito intimidados quando queríamos receber uma ligação. E por quê? Porque certamente não era você quem atenderia. Porém, na adolescência, muitas vezes para fazer charme, queríamos até que outras pessoas atendessem ao telefone, para que pudéssemos demorar a responder o chamado. No entanto, no meu caso, eu ficava ainda mais ansiosa quando o telefone tocava e meus pais estavam em casa. Meu pai tinha um jeito muito especial de atender às ligações e repassá-las. Minhas amigas imitam até hoje o jeito como ele me avisava que a ligação era para mim.

E quando eu passava o número de casa para algum garoto com quem queria conversar ou me relacionar, a ansiedade e a expectativa eram ainda maiores. Uma, porque você sempre ouvia algo como: "amanhã te ligo, então". E daí, no dia seguinte, você nem saía de casa na esperança de receber a tal chamada. Imagine como era? Amigas a chamavam para sair, mas não, o menino (ou a menina, mas duvido que os meninos ficassem do lado do telefone esperando uma chamada) que você queria ouvir do outro lado da linha disse que ligaria, então melhor ficar em casa. Vai que ele liga e você não está. Quando será que a ligação se repetiria, né? Pois bem, era assim.

Os adolescentes hoje ficam bravos ou chateados quando mandam uma mensagem no *WhatsApp* e o aplicativo acusa que a pessoa leu, mas não respondeu. Eu acho graça, mesmo participando ativamente dessa modernidade. E fico feliz, pois é muito mais prático e mais confortável saber que se alguém quiser falar com você, saberá que ao ligar ou ao mandar mensagem, isso tudo chegará diretamente a você. Coisa boa, né?

E *pager*? Bip? Já ouviu falar? Pois eu tive um. Era ainda mais engraçado. Antecedeu os aparelhos celulares. Você carregava um aparelhinho, em que podia receber uma linha de mensagem com caracteres contados. Só que para enviar a tal mensagem, a pessoa tinha que ligar em uma central, era atendido por alguém, ditava a mensagem a ser enviada (o que limitava e muito a sua forma de se expressar) e só então a atendente apertava um *enter* para que a mensagem fosse enviada ao *pager* do destinatário.

Foi após a era dos *pagers* que surgiu o primeiro celular. E você hoje teria vergonha de usá-lo. Eu já sentia vergonha na época, pois eles eram enormes, pesados e as pessoas os carregavam presos na cintura da calça para poder pegá-los rapidamente na hora da chamada. Só que era algo inovador, algo caro, algo que poucos tinham, o que tornava aquele "tijolo" um item desejável. Todos queriam ter um celular. Como assim poder atender à uma ligação em qualquer lugar? Como assim não ter mais que ficar em casa esperando a tal da chamada acontecer? Foi um sopro de liberdade.

Os aparelhos foram se modificando e se modernizando muito rápido. Dos anos 1990 até a atualidade o que já existiu de modelos de aparelhos de celular...

O meu primeiro aparelho era preto, já em um tamanho menor do que os primeiros, com uma telinha bem pequena, na qual apareciam apenas o número e o nome da pessoa que estivesse ligando. Tela cinza, com letras em preto, e só. Não enviava nem sms.

    Depois foram surgindo os de *flip*, de visor azul, com *emoticons*, com estrutura transparente, minúsculos. Meu primeiro *smartphone* ainda era arcaico perto dos aparelhos que existem hoje, no entanto, ainda com dificuldade, dava para entrar na internet. Uma internet lenta.

    Realmente fico imaginando como seria ver essa geração atual lidar com o que para nós, há 20 anos, era uma grande inovação e tecnologia.

    A primeira rede social que surgiu com o intuito de conectar pessoas foram as salas de bate-papo *on-line*. Por ali, as pessoas entravam em salas virtuais, observavam qual era o assunto que mais as interessava e começavam a bater papo com outras pessoas. Era uma loucura. Você não tinha *webcam* para saber com quem estava falando, nem foto dava para colocar, a menos que a pessoa lhe enviasse.

    Cheguei a fazer uso desses *chats on-line*, mas sempre receosa. Naquela época, já havia pessoas de má índole aproveitando-se da inocência de muita gente para marcar encontros e no fim, não ser algo para o bem ou para o entretenimento. O que não mudou muito nas redes atuais, mas, hoje há leis que protegem o usuário e alguns mecanismos de segurança para minimizar situações inadequadas. Ainda que não sejam 100% seguros, adolescentes já estão mais informados e pais já cuidam melhor do conteúdo acessado por seus filhos.

Mas, voltando às vantagens dessa nova tecnologia, até as redes sociais foram se aprimorando e a primeira que explodiu pelo mundo como algo inovador nas comunicações *on--line* foi o Orkut. Uma ferramenta que nos conectava com o mundo. Você podia adicionar conhecidos, desconhecidos, ver fotos da vida da pessoa, observar comentários e postagens sobre o que pensavam, e conectar-se com amigos distantes.

Foram anos dessa rede social transformando a nossa maneira de nos relacionarmos. Conectar-se ao Orkut via *smartphone* se deu alguns anos depois, em meados de 2006, quando os celulares passaram a ter aplicativos e entre eles os de comunicação via internet.

Como escreveu o filósofo e antropólogo Zygmunt Bauman, em seu livro *Modernidade Líquida* "os adolescentes equipados com confessionários eletrônicos portáteis são apenas aprendizes treinando e treinados na arte de viver numa sociedade confessional — uma sociedade notória por eliminar a fronteira que antes separava o privado e o público, por transformar o ato de expor publicamente o privado numa virtude e num dever público (...)".

Tudo isso parece ter acontecido num tempo tão distante e, veja só, foi neste século, há pouco mais de 10 anos. Em dez anos tanta coisa já se remodelou, já se aprimorou, já se transformou. Inclusive o Orkut, que não existe mais e deu lugar a rede de Mark Zuckerberg, o Facebook[15].

Com ao Facebook chegaram os *smartphones* mais avançados. Aos poucos, a conectividade foi ficando melhor, a internet mais rápida e as pessoas ainda mais enlouquecidas com a necessidade de ter um aparelho com mais funções.

Os próprios *iPhones*, do emblemático Steve Jobs, anualmente ganham uma nova geração e a cada ano várias novidades. Esqueci-me de

---
15 Sugiro assistirem ao filme que conta a criação dessa empresa.

mencionar que, no celular há também uma câmera digital, que serve tanto para fotos como para filmagens. E acoplou muito os aparelhos diversificados que tínhamos ou queríamos. Antigamente era uma câmera digital para fotos, uma filmadora, mais o celular, mais o GPS etc. Hoje, tudo está no mesmo aparelho. Facilitou um pouco a nossa vida, mas nos escravizou de certa forma também. Queremos registrar tudo, marcar tudo, curtir tudo e em um espaço bem curto de tempo. Quanto mais rápido, melhor.
E as relações? Basicamente se transformaram em relacionamentos frios e virtuais. É mais fácil encontrar casais de todas as idades sentados às mesas de restaurantes mostrando um ao outro algo que estejam vendo ou fazendo em seu próprio *smartphone,* do que olho no olho, as mãos unidas, as conversas, a proximidade do corpo. As relações se tornaram distantes e os compromissos cada vez mais individualizados. Bauman explica isso muito bem em seus livros *Modernidade Líquida, Vida Líquida, Amor Líquido.*

A diferença entre a comunidade e a rede é que você pertence à comunidade, mas a rede pertence a você. É possível adicionar e deletar amigos, e controlar as pessoas com quem você se relaciona. Isso faz com que os indivíduos se sintam um pouco melhor, porque a solidão é a grande ameaça nesses tempos individualistas. Mas, nas redes, é tão fácil adicionar e deletar amigos que as habilidades sociais não são necessárias. Elas são desenvolvidas na rua, ou no trabalho, ao encontrar gente com quem se precisa ter uma interação razoável. Aí você tem que enfrentar as dificuldades, se envolver em um diálogo (...). As redes sociais não ensinam a dialogar porque é muito fácil evitar a controvérsia. Muita gente as usa não para unir, não para ampliar seus horizontes, mas ao contrário, para se fechar no que eu chamo de zonas de conforto, onde o único som que escutam é o eco de suas próprias vozes, onde o único que veem são os reflexos de suas próprias caras. As redes são muito úteis, oferecem serviços muito prazerosos, mas são uma armadilha.

Zygmunt Bauman

5
Entrando na fase adulta

O que é ser adulto, afinal? É somar responsabilidades? Diploma, casamento, filhos, casa própria, previdência social, fundo de garantia, contas para pagar todo mês, emprego estável? Todas essas coisas são sinônimos de uma vida adulta? Ou podemos ver os adultos como jovens que cresceram, mas seguem sonhadores e ávidos por novidades?

Mesmo depois de passar por tanta coisa ao longo das duas fases anteriores, ainda deve haver em você algum talento não explorado, mostrando que podemos sempre aprender mais e mais. Algo que gostaria muito de fazer, mas que ainda não conseguiu. Um lugar que gostaria de conhecer, mas ainda não pôde. Algum conhecimento que gostaria de adquirir, mas não encontrou oportunidade dentro do tempo que tem para isso.

Na vida somos impulsionados a fazer escolhas e sabemos que temos que priorizar algumas delas, então, é natural que deixemos de lado muitas coisas neste caminho. Protelando, mas mantendo o desejo de um dia conseguir realizar todos os nossos sonhos.

Clóvis de Barros Filho explana muito bem sobre essa relação do ser feliz ou infeliz mediante as escolhas que fazemos, vivendo na ilusão de que se a escolha que tomou o deixou infeliz, com a outra seria diferente. É impossível prever o que seria ou não seria, já que o que você tem é o resultado do presente. Mas, nós, como humanos, estamos sempre na dúvida e quando o resultado da escolha não vem a calhar com nossas expectativas, consideramos que fizemos a escolha errada. Não há escolha errada. Há resultados diferentes do que queríamos. E isso não se prevê.

O caminho que você escolher fará você viver todas as tristezas daquele caminho. Aí, você terá a impressão de que se tivesse escolhido outro caminho não teria vivido estas tristezas. Claro que não! Viveria outras tristezas. Porque você nunca vive as tristezas da vida que não viveu, só vive as tristezas da vida que escolheu para viver. Há um erro de acreditar, que se fosse diferente estariam eliminadas as tristezas e seriam só alegrias. É uma estupidez enorme! A vida será muito mais marcada por decepções do que situações de júbilo. Sabendo disso, fica mais fácil encarar um caminho. Qualquer deles será difícil[16].

Clóvis de Barros Filho

O que nos diferencia na fase adulta das demais é a nossa capacidade de definir essas prioridades. Você passa a decidir com maior precisão aquilo que lhe parece mais coerente com os seus objetivos em longo prazo. E por mais que isso pareça contraditório, pois você olha o tempo passando mais rápido, o adulto tem mais conhecimento e experiência para planejar e decidir que ações o levarão aonde quer chegar, com menos emoção e com mais coerência e razão.

O adulto consegue se comunicar melhor, permitindo conhecer novos comportamentos, novos valores, novas maneiras de encarar o mundo. Isso, sem dúvida, se consolida mais em nossa fase adulta. Como já temos mais maturidade para lidar com as consequências, as escolhas acabam variando menos. Mas, quando

---

16 Assista: https://www.facebook.com/ProfessorClovisDeBarrosFilho/videos/815381418551428/

125

as fazemos, normalmente é para uma mudança muito maior e mais expressiva. Ou na pessoa que somos ou na pessoa que queremos ser.
    E, talvez por isso, a fase adulta seja a mais estável de todas. Não no âmbito profissional ou financeiro, mas sim no emocional. Antes dela, na adolescência, a estrutura era mais instável e metíamos os pés pelas mãos.
    É comum ouvir um adulto falando a um adolescente que, aquilo pelo qual ele está passando, não será um sofrimento para sempre ou que determinada coisa nessa idade nos parece muito mais difícil de compreender ou aceitar; que quando ficarmos mais velhos, nada daquilo terá tanta importância. Mas, cada um precisa ter suas próprias sensações e experiências, para assim, chegar a essas conclusões. Mesmo que alguém queira evitar o sofrimento alheio, ele muitas vezes é necessário para o amadurecimento.
    Quando se chega à casa dos 30 anos, toda aquela euforia, todo aquele entusiasmo, toda a insegurança, simplesmente parecem sumir. Você simplesmente entende que não precisa potencializar tudo à sua volta, que as coisas têm suas proporções e tamanhos específicos e que você

não está sendo punido ou sendo detentor de uma grande sorte. Na verdade, o adulto entende de forma mais racional as coisas que acontecem em sua vida.

Levando isso tudo em conta, percebemos que as fases podem ser divididas tal como podemos dividir os nossos níveis de consciência. Na infância, somos totalmente inconscientes. Nossos ímpetos se dão por meio de estímulos externos, de referências alheias e, mesmo o que vem de maneira muito particular, são apenas os traços daquele serzinho se manifestando, porém, ainda de maneira inconsciente, por mais consciente que ele pareça. Esse nível é ligado diretamente ao corpo físico, ou seja, são reações de movimentos do seu corpo produzindo seus *insights* e percepções.

A fase adolescente é totalmente ligada ao nível emocional, ou seja, o subconsciente. Tudo tem um tamanho maior do que a verdadeira realidade. O adolescente sente e não vê. As emoções ditam sua maneira de se comportar e de reagir ao que acontece a ele. Os sentimentos parecem tomar conta do corpo e das atitudes, e isso compromete totalmente os resultados.

Não à toa, vemos tantos sofrendo e lamentando as supostas perdas, dando a isso uma importância muito maior do que no fim sabemos que tem, justamente por também saber que a vida seguirá e outras coisas voltarão a acontecer. "A emocionalidade estupidifica", como diz o escritor DeRose. Na adolescência, somos todos um pouco estúpidos e cometemos inúmeras bobagens por conta disso. Algumas das quais nos arrependemos, outras que se somam e nos ajudam a evitar futuros erros.

Não que na fase adulta isso seja evitável. Como humanos, sempre correremos o risco de nos deixar levar por nossas emoções em algum momento. Muitas vezes, tendo atitudes realmente incoerentes com a tal maturidade que se espera de um adulto. Mas, antes de tudo, ainda somos humanos, e todos em busca do aprimoramento e crescimento, ainda que no caminho haja erros.

Porém, na fase adulta, podemos dizer que atingimos mais o nível consciente. As emoções existem, mas não mais comandam todas as nossas atitudes. Conseguimos analisar melhor as coisas e pensamos mais antes de agir. Ainda que, eventualmente, esse adulto oscile entre esses dois níveis, a chance de ele cometer erros pontuados apenas no emocional é menor.

E que idade é essa? Quando enfim chegamos à fase adulta? Quando então aquele jovem chega nesse nível de percepção e maturidade? Na verdade, isso é muito relativo. Tudo depende muito das influências que essa pessoa teve ao longo de sua criação, sendo influências próximas ou distantes, sejam da família ou de grupos, de suas escolhas ou das escolhas dos outros.

Há muito adulto imaturo, assim como há muito jovem extremamente comprometido, realizador e dono de uma maturidade surpreendente. Talvez a idade adulta varie também de um país a outro. Aqui no Brasil, a partir dos 18 anos, você já é tratado como maior de idade, ou seja, já responderá como um adulto e não mais como um adolescente ou uma criança. Essa poderia então ser a idade que determina a passagem de uma fase para outra.

Se, ao mesmo tempo em que, com mais de 18 anos, você já começa a assumir determinadas responsabilidades que o colocam numa categoria de pessoa adulta, há aqueles que passam dos 40/50 e não saíram nem da casa dos pais. Por opção ou por falta de planejamento para isso.

Aquele jovem que viveu a experiência da faculdade — se seguir o roteiro da educação padrão — sai com sua graduação concluída próximo aos 21 anos, buscando iniciar sua experiência profissional em sua área e sentindo-se então como um adulto. Como se a partir daquele momento houvesse um divisor de águas que o colocasse nessa categoria. Afinal, desde pequeno ele ouve que tem que se formar para conseguir um bom emprego, seguindo assim os passos e o espelho das pessoas que tem mais próximas a ele.

Só que na prática e na atual classificação da nova geração, chamada millenium[17], todo este suposto roteiro cai por terra e já não é mais visto dessa maneira. Tem sido cada vez mais comum vermos os adultos estendendo sua morada com os pais, cada vez menos pessoas querendo se

---
17 https://pt.wikipedia.org/wiki/Geração_Y

tornar um casal, cada vez mais adultos optando pelo empreendedorismo que pelo mercado tradicional de trabalho. E todas essas mudanças alteram o comportamento que conhecemos como o de um adulto, que a priori se forma e já está trabalhando em sua área ou prestes a formar família (às vezes, até já a tem), adquirindo imóvel próprio e somando conquistas.

Vemos inúmeros artigos dizendo que os 30 são o novo 20, ou seja, adultos na casa dos 30 que se comportam como se tivessem 20 anos, evitando somar compromissos sérios e responsabilidades, para prolongar mais a fase da curtição e das descobertas. E levando em conta que a expectativa média de vida aumentou, isso é perfeitamente compreensível. Por que ter pressa, não é mesmo?

Posso comparar com o exemplo que eu tive dentro de casa. Na época em que meus pais se conheceram, eles não tinham nem 25 anos. Minha mãe se casou com 24 anos e para o padrão já era considerado tarde para iniciar uma família. Pense nisso hoje? Você sente essa euforia ou necessidade em pessoas que conhece, que tenham menos de 30 anos? Eu não. E minhas amigas que casaram com menos de 30 ou tiveram filhos com menos que isso, muitas já se separaram mais de uma vez. E as que não casaram e não tiveram filhos, têm comportamento muito parecido aos que tinham na casa dos 20, mesmo levando em conta apenas a maneira de ver o mundo e senti-lo.

Assim como as dúvidas com relação ao que fazer profissionalmente, já não presentes nas novas gerações, acreditar que ficar com a mesma pessoa é o que trará felicidade também é utópico. Dificilmente, as relações são duradouras como eram com os nossos antepassados. E ainda mais difícil é ver casais que desejam isso, estar com a mesma pessoa para sempre. Parece tão limitador.

No entanto, nada é padronizado. Outro bom ponto a ser abordado. Nunca vimos tantas quebras de padrões, de paradigmas, de barreiras culturais, de crenças limitantes se desfazendo. Este século veio para instigar mudanças significativas na humanidade e certamente o melhor é perceber que as pessoas não querem mais viver de acordo com um roteiro preestabelecido.

É muito comum se inspirar em histórias diversificadas, como a do casal que conheço que planejou por mais de um ano a viagem de suas vidas: dar a volta ao mundo em três anos dentro de um *motorhome*[18]. Quem na casa dos 30 anos, no século passado (antes dos anos 2000) ousaria sair de sua rotina para se aventurar dessa forma? Seria taxado de maluco. Mas, isso tem sido muito mais comum do que se imagina. Eles não foram os primeiros e nem serão os últimos a irem em busca de aventuras sem se importar muito com a idade. E mesmo pessoas mais velhas estão se permitindo viver seus sonhos. Veja a história da alemã[19] que aos 79 anos resolveu sair de seu país também querendo dar a volta ao mundo de carro.

As possibilidades de trabalhos realizados de forma remota têm proporcionado às pessoas realizarem mais suas vontades sem se sentirem obrigadas a ficar presas dentro de uma empresa vendo a vida passar, como era antigamente. E muito provavelmente a estatística de longevidade

---

18 Conheça mais do projeto pelo site http://www.livrepartida.com/
19 Conheça mais dessa história acessando https://goo.gl/G9bhcp

tenha aumentado por razões como essas, se vive mais por haver mais permissão para isso.

    Os jovens/adultos já não querem mais desfrutar da vida somente aos fins de semana ou no período de férias, eles querem fazer da vida um eterno experimento. O que por um lado é bom, por outro há o rompimento com compromissos em longo prazo, já que o que importa é o imediatismo. Acredito que como em tudo, a busca é pelo equilíbrio. O que pode favorecer ambas as coisas?

    O que certamente contribuiria para o equilíbrio, nesse caso, é a capacidade de se reinventar. Não apenas as pessoas, mas os sistemas, as empresas, as profissões, a educação, enfim. Se algo não parece estar dando mais resultado é importante pontuar por que e buscar possíveis alterações no curso.

    Reinventar inclusive tem sido a palavra de ordem para a humanidade. Não há palavra que a caracterize melhor. Nós somos craques em nos reinventar! Fazemos isso com maestria, individualmente, já que um indivíduo nunca será o mesmo desde o seu nascimento. Mas, imagine coletivamente, o quanto a força de um grupo promove transformações sociais, culturais, que direta e indiretamente afeta a todos nós?

Um estudo que nos mostra isso claramente foi feito pela Universidade Harvard[20]. Chamado de Estudo do Desenvolvimento Adulto, esse trabalho vem sendo realizado há 75 anos com cerca de 720 homens, que foram estudados desde a fase jovem até o momento presente. Alguns deles já morreram, outros seguem participando anualmente.

Quem conta essa experiência é Robert Waldinger, médico psiquiatra e professor do curso de medicina de Harvard, que em sua palestra *O que torna uma vida boa?*, apresentada num dos encontros do TED Talk, conta em detalhes o motivo pelo qual essa pesquisa foi iniciada. A princípio era a busca da resposta da pergunta título da palestra.

Eu, como escritora e curiosa ávida por esse assunto, fiquei espantada com o trabalho de tanta gente dedicado a entender as fases da vida de um ser humano. Isso me deixou maravilhada, pois pude perceber que a curiosidade por conhecer as transformações na vida

---
20 Assista ao vídeo acessando https://goo.gl/OzgsOl.

de uma pessoa não é exclusividade minha. Acredito que tal como eu, todos, sem exceção, gostariam de saber, conhecer, entender o que o seu semelhante viveu e vive. É uma curiosidade comum. Basta você se observar. Quantas vezes já não se pegou questionando o que será que aquela pessoa que passou por você com um baita sorriso estaria pensando ou sentindo? Ou por que será que aquela criança estaria chorando? Ou mesmo ao ver pessoas envolvidas com sua rotina diária, o que elas estariam passando? Será que estudam? Será que têm filhos? Será que são felizes? Eu faço esses questionamentos sempre e até me canso, às vezes. Pois tudo acaba sendo uma suposição, já que conhecemos somente o que acontece conosco.

Mas, esse grupo de pesquisadores curiosos como eu, foi em busca de respostas. E mesmo que esses pesquisadores não as tenham com profundidade, conseguiram dados suficientes para terem comparativos entre grupos distintos e também semelhantes. Saiba que, até o ano de 2016 foram 75 anos de uma pesquisa com o mesmo grupo de pessoas. Todos os anos esses participantes recebem o mesmo questionário e têm de tentar ser o mais fiel possível em suas respostas, por mais eloquentes que elas pareçam. Só assim as respostas poderiam ser dignas de credibilidade.

O que espantou de início foi que a primeira pergunta feita aos entrevistados era: **quais os seus objetivos de vida mais importantes?** E as respostas são ainda mais chocantes, pois mais de 80% disse querer ser rico e 50%, dos jovens, responderam que era ser famoso.

Na teoria, pode até ser, mas na prática, com o passar dos anos, desejos banais como esses simplesmente fazem parte de um ideal social, esboçado no marketing global no qual estamos inseridos. **No fim, todos querem a mesma coisa: ser feliz!**

Porém, a busca pela felicidade é subjetiva. Porque o tempo todo nos ditam como temos de nos comportar. Dizem que temos de nos dedicar à família, ao trabalho, que temos de nos esforçar para ter mais resultados. E essa pressão nos faz acreditar que são essas coisas que devemos ter e buscar, para assim ter uma boa vida e ser feliz. Mas será?

As perguntas eram feitas na pesquisa sobre o trabalho, sobre a vida doméstica, sobre a saúde etc. O grupo de participantes foi dividido em dois e o trabalho teve início em 1938, um ano antes de iniciar a Segunda Guerra Mundial. Os do primeiro grupo entraram no estudo quando estavam para iniciar a faculdade. Todos finalizaram seus cursos durante a guerra e depois, a maior parte chegou a participar dela. O segundo grupo foi de rapazes de bairros pobres dos Estados Unidos, e foram escolhidos porque vinham de famílias menos favorecidas da cidade de Boston, na década de 1930. Eram de famílias problemáticas e viviam em casas pobres, muitas sem água corrente.

É instigante acompanhar os relatos do palestrante, pois ficamos o tempo todo com aquela sede de querer saber o que aconteceu aos participantes. Ele contou que todos os adolescentes foram entrevistados ao entrarem no estudo, todos passaram por exames médicos. Os pais passaram por entrevistas também. E então, os adolescentes viraram adultos que seguiram profissões distintas. Foram operários de fábricas, advogados, assentadores de tijolos, médicos, e pasme, um deles chegou a ser presidente dos Estados Unidos. Alguns se tornaram alcoólicos, outros poucos tiveram diagnósticos de esquizofrenia. Uns ascenderam de nível social e econômico e outros em direção oposta.

O mais surpreendente de tudo é que o estudo não parou. Ele continua. O próprio apresentador da palestra é um dos pesquisadores, que segue dando andamento a ele, e isso é fantástico. As perguntas são enviadas aos grupos de participantes de dois em dois anos. Talvez porque em um intervalo de tempo menor, as mudanças realmente não sejam tão significativas.

E o que mais me encantou foram as conclusões a que chegaram até o momento. Quando questionamos como são as mudanças nas quais estamos inseridos, a quantidade de transformações que provamos em nossas vidas e em nós mesmos, ao longo desta existência, nada se compara a conclusão a que eles chegaram. Foi possível constatar que podemos mudar muito, e em vários âmbitos, mas há um ponto que não é alterado nesse processo: **o que nos ajuda a ser feliz são as boas relações que estabelecemos.**

Ninguém consegue atingir a felicidade plena sozinho, por mais que consiga lidar bem com a solidão. A falta de relações, sejam elas familiares, com amigos, com a comunidade etc. pode levar o indivíduo à loucura e até à morte. Ficou claro no estudo de Harvard que pessoas que são fisicamente mais saudáveis e vivem mais tempo são as que conseguem estabelecer um maior número de relações e laços com outras pessoas. Que a experiência da solidão acaba sendo tóxica, pois as pessoas ficam mais isoladas e descobrem que são menos felizes. Como resultado, sua saúde piora, o funcionamento cerebral diminui e vivem menos tempo do que aquelas que não se sentem sozinhas.

Isso me faz lembrar que uma das coisas que eu sempre prezei, desde a fase de criança até hoje, são os laços com as pessoas. Quando faço uma retrospectiva da minha vida, percebo que por mais que eu saiba estar só ou ficar sozinha, eu não me sinto realmente feliz assim. Talvez, por isso, eu tenha buscado uma profissão que me coloque em contato o tempo todo com várias pessoas.

No início da minha vida profissional, lá pelos 14 anos, eu percebi que não conseguiria estar inserida em trabalhos que me mantivessem isolada, em mesas e computadores. Quando estava com 18 anos, eu comecei a trabalhar com comunicação. Fazia o curso de jornalismo e trabalhava numa agência de DJs que, também, em paralelo, editava um *fanzine* (uma minirrevista) com foco em arte, música e comportamento.

Nesse emprego, eu conheci muita gente — da cena de entretenimento da capital paulista a nomes de pessoas importantes da classe alta da cidade de São Paulo. E eu passeava pelos grupos com facilidade. Gostava de me conectar com as pessoas, independentemente de como elas eram. Talvez, por isso, desde sempre me senti bem a vontade com pessoas de qualquer opção sexual, com pessoas tidas como diferentes ou com pessoas abastadas.

Essa fase durou dos 18 aos 24 anos, e nela eu pude viver e experimentar muita coisa. Era uma jovem no meio de muitos adultos e com a vantagem de, numa cidade grande como São Paulo, ter acesso a festas de todos os tipos. Com esse trabalho, com os artistas da noite e com outro trabalho numa redação de um veículo que igualmente falava para jovens, eu viajei e me diverti muito. Cresci e amadureci bastante e bem cedo!

E isso, por vezes, me fez esquecer qual era o meu verdadeiro propósito. Estava imersa numa realidade ilusória, que eu acreditava ser minha, mas que no fundo, não era. Fazia parte de algo que não era minha realidade, mas fingia ser. E foi ali, perto dos 24 anos, que eu comecei a fazer esses questionamentos.

Como será a minha vida no futuro próximo? Se eu continuar bebendo e experimentando coisas como se fosse viver para sempre, será que viverei? Minhas relações afetivas serão sempre assim, superficiais? Vou continuar morando na casa dos meus pais até quando? Vamos continuar em pé de guerra para sempre? Eu me perguntava essas coisas diariamente. Porque eu queria mudar, só não sabia como.

Sabemos que o que mais nos puxa para cima ou para baixo, para além de nossas próprias habilidades, é o grupo com o qual convivemos. E por mais que eu gostasse muito das pessoas com as quais passava meus dias e minhas noites, era um grupo que seguia imerso nessa realidade, a qual eu já não via como sendo a mais propícia para mim. Foi quando iniciei minhas práticas do Método DeRose. Esse contato com uma filosofia de vida que preconizava mudar hábitos, identificar valores e ir em busca do autoconhecimento, me fez querer mudar, e ali iniciei esse processo de transformação pessoal. O qual segue e provavelmente seguirá para sempre.

Na escola desse sistema eu conheci meu corpo e aprendi a cuidar dele, de uma forma bem diferente da que eu conhecia como cuidados. Optei por mudar minha alimentação, virando ovo-lacto-vegetariana e, com isso, contribuir para impactar positivamente no planeta também. Não que fosse obrigada, mas conviver com pessoas que traziam mais informações sobre os benefícios de uma mudança até na alimentação, contribuiu para minhas novas escolhas.

Não é preciso estudar muito para saber que a indústria da carne é uma das maiores responsáveis pelo desmatamento e pelos gases de metano que destroem a camada de ozônio, pois essa informação está muito em evidência.

Mais pessoas têm se conscientizado sobre esse assunto e ele tem sido pauta de muitas discussões em nível mundial.

Mudando o que vai no meu prato, eu consigo ajudar a diminuir o efeito estufa? Indiretamente, talvez. O que é uma gota no meio do oceano, você deve estar pensando, né? Mas para mim faz muita diferença. Eu prefiro pensar que essa gotinha salva milhares de vidas animais e acima de tudo, salva a minha também. E foi de aluna que me tornei empreendedora nesse segmento de qualidade de vida e nele dedico a maior parte dos meus dias.

Se fosse fazer uma retrospectiva, inclusive levando em conta as pessoas com as quais convivia na fase em que trabalhava em festas e depois, quando optei por virar o leme para o sentido oposto, trabalhando com um estilo de vida que preconiza saúde, bem-estar, cuidados com o corpo e a mente, posso dizer que é fascinante essa nossa capacidade de nos transformar o tempo todo! Podemos sim ir dos 8 ao 80, pois tudo se baseia na vontade de mudar.

Relembrando o que escrevi há alguns parágrafos acima, onde dizia que não conseguiria trabalhar isolada, ao me dedicar à Instituição DeRose, tive a oportunidade de contribuir e impactar positivamente milhares de pessoas. Desde o início desse processo até hoje, já estive em contato com muito mais gente do que talvez conseguisse trabalhando com festas ou até mesmo com o jornalismo.

As conexões que faço têm sido impressionantes, as pessoas com as quais convivo, como elas se sentem identificadas pelo mesmo propósito que eu e o quanto isso me motiva a continuar atuando numa área que me possibilite esse contato. E daí, saber a conclusão daquela pesquisa de Harvard faz ainda mais sentido: eu não poderia ser feliz sozinha. Esse é um fato muito relevante. E você, conseguiria? O que move mais sua felicidade? Faça esse exercício de reflexão e questione-se: você consegue ser 100% feliz sozinho?

Um bom filme para refletir sobre o assunto é o *Into the Wild* (Na natureza selvagem). Um filme verídico, que conta a história de um homem que queria vivenciar uma busca incessante pela sua individualidade, colocando-se em situações que testam sua capacidade de superação. Nesse caminho, ele conhece uma dezena de pessoas, até chegar a um lugar que não havia mais ninguém. Apenas ele e a natureza. Então, ele passou a perceber que muitas vezes estar sozinho pode ser perigoso! Não somente para sua saúde física, mas principalmente para a saúde mental e emocional. O filme traz a seguinte frase: "**a felicidade só é verdadeira, quando compartilhada**".

Enfim, onde eu quero chegar? Que é importante preservar suas relações! É importante ter amigos sim. Mesmo que sejam poucos, mas, que sejam bons! E que tal como a conclusão dos pesquisadores de **O que torna uma vida boa?**, o que conta é a qualidade das nossas relações. Se você se conecta com pessoas que vibram positivamente, que se importam com os outros, que tendem a somar ao seu estilo de vida, que não geram conflitos, que sejam afetivas, o viver em meio às boas relações pode literalmente salvar sua vida. Pode contribuir para protegê-lo.

A pergunta que eu sugiro que você se faça é: e você? Com quantos anos está hoje? Como deseja viver a sua fase adulta até chegar às idades mais avançadas? Que tal buscar bons relacionamentos? Suas possibilidades são quase infinitas, pois uma escolha pode mudar o curso dos seus dias e de sua existência. Portanto, a pergunta é superpertinente. E você? O que vai fazer com toda essa informação? Que tal trocar o tempo vendo televisão ou perdido em tecnologias que o isolam do mundo para conviver com pessoas especiais que estão ao seu redor? Ou quem sabe reatar sua relação com algum familiar que porventura tenha tido algum desentendimento? Afinal, as brigas de família, tão comuns, deixam marcas terríveis nas pessoas, mais ainda naquelas que guardam rancor. Quem sabe se permitir viajar ou ir atrás do seu mais sincero sonho?

    Robert Waldinger, ao encerrar sua palestra no TED, citou o escritor e humorista Mark Twaln, que há mais de um século disse esta frase, eu o instigo a lê-la com o coração e observar o que pode fazer com essa reflexão.

    Twain escreveu: *Não há tempo, tão curta é a vida, para discussões banais, desculpas, amarguras, tirar satisfações. Só há tempo para amar, e mesmo para isso, é só um instante.*

Tudo leva apenas um instante ou leva a sua vida toda, e esse tempo também é relativo, pois nós não sabemos quando é que a vida vai acabar. Portanto, perceba que a maior parte de sua existência se dá na fase adulta. Todas as suas conquistas, todo o seu amadurecimento como humano, todas as suas escolhas que refletem nas principais mudanças que você exerce em si, acontecem nesse período.

A transição da fase adulta à fase da velhice é tênue, porque você segue como um adulto, só que com a soma de todas as experiências das fases anteriores servindo de bagagem para a pessoa que você é. Uma bagagem que você agora carrega para a sua última fase.

Casamento, separações e filhos

Talvez você tenha percebido que construí todo o capítulo da fase adulta sem me ater aos temas casamento ou filhos. Essa é a minha realidade. Eu fugi desse roteiro. Nunca idealizei um casamento de acordo com os padrões culturais. Aquela história de noivar, reservar data em igreja, ouvir sermão dizendo como você deve levar sua relação, fazer festa para celebrar uma união e esbanjar um monte de dinheiro, nada disso fez sentido para mim algum dia. Mas respeito e muito quem o preserva e quem tem esse sonho. Acho que cada um tem que buscar a felicidade de acordo com aquilo em que acredita.

Também não tive filhos. Pelo menos não até o presente momento. Mesmo amando crianças. O tempo foi passando e com ele essa dúvida de ter ou não um filho seguiu permanente. Dizem que a mulher tem um instinto materno que a leva naturalmente a essa direção. Comigo isso não aconteceu. Me pego contestando o fato de que o planeta já tem tanta gente, que há tanta criança malcriada, mal-amada ou tantas abandonadas, que me sinto culpada por pensar em ter filhos.

Mas que bom que isso não acontece com todas as mulheres. Afinal, como vimos lá no capítulo sobre crianças, há uma nova leva de pequenos chegando para mudar o mundo. E acredito que, em cima dessa esperança renovadora, ter filhos é também uma missão!

Também tenho receio de não ser capaz de educar e contribuir com um filho para que ele seja melhor que eu. Sempre questionei se eu seria madura o suficientemente para colocar outro serzinho no planeta, e dar a ele a educação necessária para ele fazer diferente. O que parece até contraditório sabendo que atuo profissionalmente em uma área de reeducação comportamental. Mas, é diferente contribuir com orientações a quem tem discernimento para escolher isso. Ter um filho é ensinar a um novo indivíduo o que você considera ser certo ou errado, mostrar que ele pode escolher se quer seguir a mesma direção que a sua ou não. Afinal, você é a maior referência dos seus filhos. Tudo que você escolhe para si, se reflete nele.

Alguns me rotulam de egoísta, outros de sensata. Eu não me julgo nem uma coisa nem outra. Talvez no futuro me arrependa um pouco dessa escolha. Se for o caso, quem disse que não temos aí milhares de crianças precisando de uma família, não é mesmo? Adoção é um ato nobre e cabe em qualquer fase da vida adulta. Contribuir para o futuro de uma criança, com qualidade, oferecendo casa, comida, educação, saúde. Por que não?

Dizem que filhos são os amigos que teremos para o resto de nossas vidas, né? A priori sim. Até porque a ligação de afeto com os pais é inquestionável, mas mesmo nisso eu não acredito tanto. A vida se encarrega de levar as pessoas para longe da gente e temos que nos acostumar a isso. Meus pais, por exemplo, com duas filhas, se adaptam a essa realidade. Eu vivi os últimos sete anos fora da cidade em que nasci e minha irmã nem no Brasil mora mais. Sendo assim, essa aparente sensação também é utópica, porque cada ser humano segue seu curso e seus desejos, e isso sim, é o mais natural. Portanto, ter filho para não viver sozinho ou não se sentir sozinho pode ser um grande tiro no pé.

Mas, se sua opção for a de ter filhos, planejando-os ou não, seja responsável pela criação da sua criança. Releia o segundo capítulo deste livro e perceba a importância que existe na sua relação com os filhos que colocar neste mundo. Eles são as novas gerações de humanos e a responsabilidade que existe entre este nascimento e a preservação da nossa espécie, neste planeta, é imensa.

Temos que ter isso em mente quando geramos um novo ser, lembrando que ele já está em conexão com você muito antes de ser gerado. É preciso amar, respeitar e cuidar com muito amor e atenção, para que essas crianças possam ser espelho e referência às gerações do futuro. E isso vem de você, adulto maduro, consciente, que está atento a essa realidade.

Uma análise semelhante faço aos casais que optam por se separar. Se a separação ocorre entre os dois de comum acordo, ainda que sob todo o aspecto emocional que acarreta qualquer tipo de separação, fica mais fácil lidar com o processo de maneira madura. E se o casal tiver filhos, fará sua separação sem comprometer a relação que tem com os eles. Isso também é importante e deve ser levado em consideração. Como os filhos lidarão com a separação, como conseguirão lidar com a ausência física de um dos pais na sua vida diária. Separar nunca é fácil. Seja por opção, seja pela vida que, muitas vezes, carrega com ela uma das partes. Mas, se há lucidez e coerência no processo, deve-se evitar brigas, desentendimentos, julgamentos, críticas na frente dos filhos. Ao contrário, deve-se manter o respeito, a cordialidade, o carinho e a cumplicidade que havia quando, há pouco, estavam juntos.

As emoções minam o entendimento, e na teoria, é sempre muito mais fácil falar sobre como seria melhor agir. Mas se temos conhecimento, podemos também colocá-lo em prática, não é mesmo? Evitar denegrir a imagem do outro ou feri-lo com atitudes levianas é de suma importância para que, ainda que separados, a relação diante da criação dos filhos seja cordial. Ou mesmo quando não há filhos, acredito que valha a mesma reflexão e atitude. Afinal, não importa o tempo em que duas pessoas estiveram juntas, esse tempo foi precioso e não voltará mais. Foi o tempo que você investiu de sua vida nessa relação, nesse amor, nesse crescimento. Não pode simplesmente ser apagado ou fingir que não existiu. Muitas pessoas são envolvidas numa relação, para além do casal, e todos esses laços são importantes e devem ser preservados!

6
Somos todos iguais, mas tão diferentes!

Talvez você já tenha assistido a alguns poucos relatos dos participantes do documentário *Human*, produzido pela Bettencourt Schueller Foundation[21]. Diante de um tema como o que estou abordando neste livro, me deparar com um documentário que busca esclarecer, tal como a minha curiosidade, as nuances que nos aproximam como ser humano e tudo aquilo que nos distancia, é reconfortante. Observar que mais pessoas querem entender o que somos ou por que estamos aqui ou qual o propósito de viver, preenche uma sensação de dúvida permanente, que antes parecia pertencer exclusivamente a mim. Quando reflito sobre isso me lembro de um poema de Fernando Pessoa, no qual ele escreve:

---
21 Caso ainda não, clique aqui: goo.gl/vaw7i3 e assista as três partes disponíveis pelo YouTube.

É fácil trocar palavras, difícil é interpretar os silêncios. É fácil caminhar lado a lado, difícil é saber como se encontrar. É fácil beijar o rosto, difícil é chegar ao coração. É fácil apertar as mãos, difícil é reter o calor. É fácil sentir o amor, difícil é conter sua corrente. Como é por dentro de outra pessoa? Quem é que saberá sonhar? A alma de outrem é outro universo. Com que não há comunicação possível. Com que não há verdadeiro entendimento. Nada sabemos da alma, se não da nossa. A dos outros são olhares, são gestos, são palavras. Com a suposição de qualquer semelhança no fundo.

Em contrapartida é angustiante observar que não há respostas que venham de fora, tudo o que realmente precisamos saber e entender vem de dentro. É difícil ver o quanto milhares de pessoas como nós não sabem nem por onde começar, vivendo em questionamentos pesados e incômodos, sem ideia de como buscar algum esclarecimento sobre eles.

Por isso, filosofias e doutrinas ganham tantos adeptos a cada ano. É como se através de algum ensinamento pudéssemos ter respostas. De alguma forma, ajudam; mas, todas elas vêm de vivências e reflexões de alguém. Religiões foram fundadas por homens. Filosofias e correntes doutrinárias também. Tudo fundamentado e baseado nas dúvidas e experiências alheias, que nos servem como guias, mas, sem que você viva cada passo, serão apenas conclusões alheias.

O que mais me encantou nesse documentário foram as respostas dos participantes. Uma pergunta simples, feita a todos de forma similar, gera inúmeras respostas distintas. Algo que aparentemente é compreendido por todos, vem em respostas tão dessemelhantes, que mais uma vez esclarece que não importa o quão parecido sejamos como espécie, cada ser é individualizado e tem com a vida experiências tão distintas, que nos distancia de maneira inimaginável.

Vendo assim, fica fácil compreender o motivo de tantas dores causadas por nós em nossos semelhantes. A educação e culturas diferentes apenas nos distanciam ainda mais. E por mais que tentemos nos ver como iguais, isso é praticamente impossível. Tudo influencia a forma como agimos e como nos vemos — da educação que se recebe da família ao convívio que se tem com a comunidade na qual está inserido; o continente no qual nasceu; os hábitos e costumes relacionados ao país de origem —, enfim, simplesmente tudo pode contribuir positiva ou negativamente neste caminho de transformação.

Seria realmente muito mais fácil e simples se toda a humanidade estivesse dentro de um mesmo padrão comportamental e de uma mesma língua — talvez o que nos diferencia seja apenas esta partícula da individualidade que cada um tem —, mas somada a bagagens parecidas, quem sabe não houvesse tanta separação entre os povos.

As cenas do documentário *Human* são fortes. Mostram do luxo ao lixo, do belo ao tenebroso, dos ricos aos pobres, dos felizes aos depressivos. E mais e mais nos coloca a pensar: por que fazemos tanto mal a nós mesmos? Por que será que o que move muitos de nós é uma ganância, um desejo de poder e riqueza que não levará ninguém a lugar algum?

Basta analisar o fim de todos, que é o mesmo. Ninguém morre diferente. Todos acabam no mesmo lugar, viramos pó. Seja de forma rápida — ao passar o corpo físico por uma cremação — ou ficando mais alguns anos presos num caixão debaixo da terra. Mas o que é diferente neste fim? Nada! Todos morrem. E aquilo que foi somado e multiplicado em vida não será carregado nesse final, além da sua riqueza pessoal. Absolutamente nada material vai conosco. Nem a roupa ou joias que, porventura, sejam colocadas no seu corpo, serão carregadas consigo após a morte. Então, por que nos maltratamos tanto?

A passagem do homem pelo planeta já deixou marcas muito tristes e profundas, e igualmente questionáveis. Quem não se pergunta até hoje o que motivou Hitler a exterminar milhares de judeus da face da Terra e levar outros tantos alemães a fazerem o mesmo achando que aquilo era certo? Ou quem não se pergunta por que a África segue como um continente de pessoas tão pobres e desnutridas, sendo ali um dos lugares mais ricos em pedras preciosas e petróleo? Por que Osama Bin Laden e seus seguidores atacaram as duas torres gêmeas em Nova Iorque e tantos outros locais nos Estados Unidos? Ou por que os homens que formam o Estado Islâmico carregam tanto ódio e instigam tantos outros a esse sentimento a ponto de dizimar um país inteiro, transformando a Síria em nada e forçando a nação a fugir e buscar asilo em outros países, muitos morrendo pelo caminho? Ou por que será tão difícil receber e alojar em seu país esses refugiados necessitados? Por que não conseguimos sair do nosso egoísmo para auxiliar um ser humano, como nós, sempre que for necessário? E nem precisa ir tão longe, há pessoas precisando de auxílio à porta da sua casa, com toda certeza. Eu não sei. Não encontro respostas para isso. E como eu, muitos tentam entender o que o ser humano faz e porque o faz. O que mais existem são filósofos, psicólogos, psiquiatras, historiadores que tentam achar respostas para os atos humanos. Desde que o homem é homem, questionamentos como esses e tantos outros estão sem respostas.

    Uma coisa que aprendi com a filosofia hindu e com os estudos que faço, no âmbito comportamental, ainda mais agora com tantas novas informações trazidas pela física quântica, é que tudo deixa um marco e um rastro possível de ser acessado no inconsciente coletivo. E o que é esse inconsciente coletivo? Bem, da mesma forma que nós podemos acessar o que já experienciamos em vida, num local pouco acessado de nossa mente que é o inconsciente, a humanidade, igualmente, pode fazer isso com tudo o que o homem já viveu desde que existe sobre o planeta. Chamam isso de registro acássico. Um lugar no espaço, no éter do universo, em que ficam marcados todos os acontecimentos provenientes de qualquer ser vivo.

Você tem a condição de abrir uma fenda no espaço, que independe de tempo e lugar, para acessar o conhecimento do ser humano desde a era primitiva. Como se pudesse viajar no tempo, mas sem o corpo. Parece bem utópico, né? Mas não é. A hipnose é uma das ferramentas que a medicina psiquiátrica encontrou para acessar o inconsciente, mas limitado às experiências individuais de cada um, por exemplo.

Já tradições orientais, que visam à meditação, dizem que ao conquistar um estado de consciência expandida você tem condição de travar contato com um conhecimento mais coletivo, de coisas que civilizações antigas tenham experimentado, trazendo as percepções para o seu presente. É como a chave ao akasha[22]. Ou até acessar conhecimentos específicos sem nunca

---
22 https://pt.wikipedia.org/wiki/Akasha.

ter estudado sobre eles. Muitos chamam isso de paranormalidade, mas, no fim, são sensibilidades bem utilizadas. Como pessoas que conseguem reproduzir sons de instrumentos musicais só de ouvi-los, ou já nascem com um dom inexplicável[23], ou que conseguem desenhar e pintar sem nunca terem feito aulas de artes, ou a capacidade de ler e memorizar livros em um curto espaço de tempo, e tantos outros exemplos.

No entanto, muitos de nós não usamos toda a capacidade que temos para nos desenvolver, simplesmente por sermos ignorantes nessa área. Sabemos que o que nos distingue da maioria dos animais é nossa capacidade de discernimento e consciência, mas não a usamos totalmente.

Muitas práticas, que vêm sendo trazidas por linhagens filosóficas, visam a explorar essa capacidade que nós humanos temos. Mas dá trabalho e não tem resultado rápido. Talvez, por isso, diante da pressa que também nos consome, muitos de nós abandonamos o caminho antes de sentir os primeiros resultados de nossa real possibilidade de desenvolvimento.

---
23 Acesse este link e tire suas conclusões: https://www.youtube.com/watch?v=IL4YFTR7_YY

Ainda o início do século XXI, entendemos que uma grande quantidade de pessoas já percebe a importância de equilibrar a vida através de desenvolvimentos mais sutis. Buscam métodos de aquietar mais as emoções e a mente, e assim, se conectar com sua essência, ainda que essas práticas estejam em um estágio embrionário. Justamente, por isso, acredito mais nas novas gerações para construir uma nova humanidade.

É consolador saber que, como seres humanos, temos a possibilidade de entender o sentido da vida, diferente dos demais animais. Temos uma força mental que nos faz despertar todos os nossos outros sentidos, principalmente quando isso se faz necessário. Como, por exemplo, quando nascemos em uma condição física e nos acontece algo que nos coloca em outra. O nosso poder de adaptação e compreensão é realmente instigador. Conseguimos passar pela vida vivendo coisas incríveis, acreditando no poder da atração, no quanto podemos conquistar coisas boas, se assim quisermos.

Aprendemos que a verdadeira felicidade está realmente nas coisas mais simples. Na forma como as pessoas se conectam e se relacionam. Em ter o que comer, em não passar frio, em ouvir uma palavra de carinho de quem você ama, de sentir o calor da presença de alguém o abraçando, de receber um gesto de gratidão, de ser respeitado, de ser honrado, da forma como alguém o olha demonstrando afeto. Em resumo, a felicidade está muito mais em situações e momentos que em coisas que são adquiridas. **Você está vivo, logo, tem o compromisso de ser feliz.** Muitos demoram a compreender como esta vida é preciosa e como somos importantes uns para os outros. Quando olhamos para o universo e entendemos que nosso planeta é apenas um pequeno grão de areia na imensidão, torcemos para que as pessoas que tentam tornar o mundo um lugar melhor e trabalham pela justiça e pela paz se conectem. Quando analisamos as grandes religiões, filosofias e ideologias e tentamos simplificar dogmas e teologias complexas, chegamos à conclusão de que tudo se resume a uma palavra: **amor**.

Queremos viver num mundo em que não haja mais sofrimento ou dor, onde consigamos viver sem magoar ninguém ou que não sejamos igualmente magoados, onde consigamos celebrar o dom que temos de ser lúcidos e conscientes, catalisando, assim, o nosso poder de transformação e mudanças positivas. No que se torna importante refletir: **o que vou deixar na minha passagem por esta vida?**

Sua vida, por mais longa que pareça, será rapidamente esquecida pelos que convivem com você. Talvez você seja sempre lembrado com carinho, com afeto, mas até mesmo as lembranças se apagam muito rápido. As imagens perdem a nitidez e até o som da nossa voz não é permanente. Tudo tende a desaparecer. E o que deixaremos? O que ficará? Temos que olhar para esta existência, que temos ciência de que está realmente acontecendo e pensar: qual o sentido de estar aqui? Por que estamos e o que fazemos? E assim querer deixar apenas um rastro de boas realizações.

Não se sentir inútil ou pequeno demais para deixar uma marca. Sua marca não precisa ser em âmbito macro. Você pode transformar diariamente o local em que está e as relações que tem com as pessoas mais próximas a você.

Não importa se poucos se lembrarão, importa que você tenha feito algo do qual se orgulhe e que representará sua essência e seus valores. E que acima de tudo, seja para o bem! A maioria das pessoas mais generosas, que têm atitudes igualmente generosas, não tem dinheiro ou bens. Quando não se tem recursos e grande quantia de dinheiro, aprende-se a viver de outra forma. Palavras como "meu", que impedem pessoas de compartilhar mais ou dividir, é o que distancia os seres humanos como sociedade ou como raça. Negamos abrigo aos outros, negamos comida, negamos a sobrevivência, somente pelo dinheiro, quando, no fim, todos partiremos sem ele.

No documentário *Human,* um dos entrevistados comenta que tem dinheiro e que se sente muito bem e feliz por poder adquirir o que quiser quando quiser, no entanto, chora ao dizer que seria mais importante comprar a felicidade do filho, que vive em depressão, isso ele não pode nem com toda a riqueza que tem. Percebe? Felicidade não se compra.

Inventamos uma sociedade de consumo. Inventamos uma montanha de consumos supérfluos.

Compra-se e descarta-se. Mas o que se gasta é tempo de vida. Porque quando eu compro algo, não pagamos com dinheiro, pagamos com o tempo de vida que tivemos que gastar para conseguir aquele dinheiro. Mas tem um detalhe: a única coisa que não se pode comprar é a vida. A vida se gasta. E é um desperdício gastar a vida para perder a liberdade.

José Pepe Mujica, ex-presidente do Uruguai.

Sabe o que nos dá esperança de que há possibilidades de um futuro com pessoas do bem? Aqueles líderes que fazem a diferença. E ainda que a passagem do homem pelo planeta deixe marcas tão tristes, sempre haverá o contraponto por aqueles que igualmente deixam um rastro de ensinamentos tão lindos e importantes. Ensinamentos pautados pelo exemplo, muito mais do que pelas lindas palavras professadas. Porque sabemos o quão fácil é discursar sobre o que aparentemente as pessoas precisam e desejam ouvir, porém, mais fácil ainda contradizer esse discurso. Talvez, por isso, devemos mirar nossos esforços em apoiar e ouvir àqueles que, querem de verdade, promover mudanças, que nos trazem esperança para acreditar num mundo melhor, por mais difícil que isso pareça, diante de tantas atrocidades.

Vamos nos lembrar de pessoas como Nelson Mandela, que conseguiu superar sua própria raiva e desafetos e contribuiu como pôde e pelo tempo que lhe sobrou em vida por uma África menos desigual, mesmo ali sendo um continente tão sugado e cheio de interesseiros. Ou de Gandhi, na Índia, que nos ensinou a enfrentar nossos medos e encarar os desafios com coragem, deixando uma mensagem de paz que reverbera ainda no mundo, mesmo depois de tanto tempo de sua partida. Madre Teresa de Calcutá, Jesus Cristo, Martin Luther King, Abraham Lincoln, Getúlio Vargas, Barack Obama, Francisco Cândido Xavier, Papa Francisco e tantos outros nomes também deixaram bons feitos em sua passagem pelo planeta. Não significa que todos os citados tenham sido perfeitos. Nunca saberemos toda a verdade em torno dessas personalidades. O que não importa. O sentido da mensagem foi positiva. Tornaram-se referências de pessoas do bem. E mesmo que, todos em sua história, em algum momento, tenham tido atitudes errôneas, puderam corrigir o caminho e fazer melhor o curso de suas jornadas.

E ainda há muitos líderes que se importam com as classes mais necessitadas, e que se não fazem mais é porque são obrigados a seguir determinados comandos advindos de um grupo que tem mais força que eles. O Papa Francisco é um grande exemplo nesse sentido. Tem revolucionado a Igreja Católica, pregando sobre mudanças comportamentais e exalando amor e respeito ao próximo, de forma verdadeira. Enfim, há muitos que não estão no mundo por acaso e que estão fazendo da vida que têm uma oportunidade para deixar um bom legado. Mas e nós? O que podemos fazer? Como podemos contribuir?

Vamos refletir: por que existe tanto ódio no mundo? Por que pessoas têm de matar? Por que nações, comunidades e grupos étnicos não conseguem se entender? Por que todos pensam que são melhores? Que sua igreja ou religião é melhor? Que seu modo de vida é melhor? Por que este tipo de sentimento é alimentado?

Assim como alimentamos as energias ruins e elas ganham força e se propagam, precisamos nos unir aos que vibram positivamente e tornar essa energia mais poderosa. Precisamos derrubar os muros que nos separam e não levantar outros. Se reconhecermos melhor uns aos outros como humanos, talvez possamos amar em vez de tentarmos nos destruir.

De qualquer forma, você continuará assim. Vivendo como dá. E enquanto der. Procurando esticar o encontro que alegra e abreviar o que entristece. E a vida que vale a pena? Só pode ser uma. A sua. Essa mesma que você está vivendo desde que nasceu. Mas com tudo. Seus encontros, certamente. Mas também seus sonhos, suas ilusões, seus medos e esperanças e, por que não, suas filosofias também.

Clóvis de Barros Filho

Rótulos não nos definem!

O século XXI sem dúvida será lembrado como aquele em que mais bradamos a igualdade e também aquele que, em nome desse desejo, de haver uma aceitação às diferenças, virou o século da intolerância.

Pessoas que ainda são criadas sob paradigmas preconceituosos, simplesmente não aceitam e não reconhecem que, somos sim, todos iguais. Que o branco não tem que ter mais direitos que o negro. Que mulher não precisa ser feminista para ter seus direitos respeitados, que isso tem que ser obrigação. Que homem que gosta de homem, ou mulher que gosta de mulher, ou que homem que quer ser mulher, ou o contrário, que pessoas que vivem se transformando, que pintam o cabelo de azul, ou que usam turbante, ou que gostem do sexo oposto, ou que são mais gordinhos, também devem ser respeitados. Enfim, nada disso quer dizer algo a respeito do indivíduo que está por trás de todas essas possíveis características.

    E na intenção de mostrar isso ao mundo, infelizmente, muitas pessoas se tornaram ainda mais intolerantes com qualquer tipo de comentário, insulto ou atitude discriminatória. Se, no passado, muitos não podiam ser livres e eram escravos dos que tinham poder, hoje, o ser humano se dá conta de que o poder é de todos e pode ir em busca dele.

    O desejo de viver sem rótulos é como uma utopia do bem. Seria incrível não haver comentário algum sobre como o outro é ou *quer* ser. Que cada pessoa pudesse realmente caminhar de maneira livre pelo mundo, sem medo, sem receio, sem se sentir inseguro por parecer diferente do senso comum da sociedade.

Só que, como disse, eu vejo como uma utopia. Somos tantos, em tantos lugares, criados de formas tão diferentes, inseridos em culturas tão opostas, com tantos lugares ainda inóspitos, onde vivem pessoas que mal sabem da existência de outras, como realmente acreditar que teremos força para vencer a barreira do preconceito ou do julgamento alheio?

Se nem mesmo nós, que de certa forma temos acesso à informação, lendo, estudando, acessando conteúdos virtuais, cedo ou tarde, escorregamos em nossos próprios comentários, para depois no darmos conta de que no fim, cometemos o mesmo erro.

O que podemos é treinar nosso ego. Lapidá-lo para não nos acharmos melhor do que ninguém. E isso é possível quando buscamos por ferramentas que nos possibilitem desenvolver nossos níveis de consciência.

Um ser mais lúcido, menos emotivo, que precise cada vez menos racionalizar e querer ter entendimento sobre tudo, que evite ter uma opinião formada sobre todas as coisas, é um ser mais consciente. Mais livre de rótulos, mais livre de paradigmas e imposições sociais, cada vez menos preocupado com o que o outro tende a achar ou não, se ele já sabe tudo aquilo que precisa saber!

7
As pessoas não mudam...

Costumamos ouvir, até com certa frequência, de que as pessoas não mudam. De certa forma, uma afirmação forte como essa vem acompanhada por algum tipo de insatisfação, de acordo com o comportamento e atitude sobre algo que foge às nossas expectativas. Isso se dá principalmente quando, de alguma forma, há um padrão de comportamento de algo que nos incomoda e que se repete com frequência. Seja em nós mesmos ou nas relações próximas a nós.

No entanto, o fato da atitude se repetir, não significa que a pessoa tenha escolhido não mudar. Talvez, o comportamento se repita porque a pessoa não se dá conta do quanto suas ações comprometem os seus resultados e, principalmente, suas relações.

Na maior parte das vezes desejamos uma mudança no outro sem ao menos observar o que podemos mudar em nós mesmos. Nossas expectativas são, em sua maioria, de mudanças que queremos que os outros exerçam para nos sentirmos felizes ou satisfeitos com isso ou aquilo.

Só que para mudarmos alguma coisa em nossa maneira de ser ou de agir, antes precisamos nos dar conta dessa necessidade para alcançar o que desejamos. Uma alteração em nosso comportamento se dará por meio de um objetivo específico.

Quando fazemos a derradeira pergunta do que as pessoas desejam da vida, as respostas, ainda que variem um pouco, são sempre semelhantes: todos querem ser feliz! Mas, o que muitos talvez não percebam é que, para ser feliz, talvez seja necessário fazer determinadas mudanças. Mas mudar o quê? Pode ser uma atitude, ou os pensamentos, quem sabe os hábitos, ou tendo ações que deem sentido à vida. Tudo isso pode conduzir o indivíduo a um estado diferente de felicidade. Uma felicidade baseada em algo que venha de dentro, de sua força no processo de alterar o curso do seu destino.

O mundo é muito grande. As culturas são muito distintas. Cada continente, cada país, cada pedacinho deste planeta é povoado por milhares e milhares de seres humanos, como eu e você. Todos com uma consciência diferente das coisas à sua volta. **Muito do que somos é resultado da soma de tudo que aprendemos dentro da comunidade em que nascemos. E nem por isso precisamos ficar estagnados nela ou simplesmente agir, dia após dia, da mesma maneira.**

Nós moldamos nossa existência de acordo com nossas escolhas. Alguns não se permitem mudar, pois não têm consciência do poder que têm para isso. Outros, não sentem essa necessidade, por estarem felizes na condição em que estão. Mas a maioria de nós vive internamente uma inquietação constante com relação ao que pode lhe proporcionar a verdadeira felicidade.

Muitos estudiosos insistem em dizer que a felicidade está ligada diretamente à dopamina. Até acredito que nosso corpo saiba exatamente o que produzir para intensificar emoções que nos gerem estado de felicidade, mas será só isso?

Essa substância, a dopamina, é produzida no cérebro, como se fosse um neurotransmissor, que gera as sensações de felicidade e prazer. Conforme a pessoa fica mais velha, ela perde sinapses de dopamina e provavelmente neurônios de dopamina. Sendo assim, o corpo se adapta como pode.

A ideia seria buscar experiências que liberassem a dopamina ou exigissem dopamina. E o que poderiam ser essas experiências? A capacidade que temos de mudar. De exigir mais de nossas habilidades. De nos desafiar, seja em uma atividade nova ou em alguma que nos impulsione a algo novo. Passar por alguma adversidade na vida e se recuperar, superando-se.

Nossos valores também são um componente essencial para a felicidade. Quando você precisa corromper seus ideais de vida para seguir um roteiro pré-estipulado de como dizem que deve agir, você mata constantemente sua oportunidade de ser feliz, pois perde a conexão consigo.

Países em que o objetivo principal seja o crescimento econômico e a prosperidade material possuem pessoas mais propensas a um sentimento de vazio, de falta de propósito. E é exatamente nesses países que o índice de morte por cansaço físico ou emocional é muito maior. Em contrapartida, países que possuem uma economia emergente e com menos foco no desenvolvimento industrial e econômico, têm, em suas comunidades, pessoas mais satisfeitas e felizes com suas condições e com a vida que levam.

A felicidade é fruto do seu eu, do seu ego. Ela não está em nada externo. Todos precisam de algo maior que si mesmos, e muitas vezes, isso só acontece quando decidem prover uma mudança significativa no estilo de vida que levam. Pode ser mudando de país ou de atuação profissional; ou alterando a forma de se relacionar, ou de cuidar de sua casa e família, pode ser abrindo mão de coisas que antes pareciam importantes e indo em busca da felicidade em coisas mais simples. Nós temos a capacidade de mudar o tempo todo, só precisamos vencer a inércia e o medo, que, muitas vezes, nos impedem de transformar a nossa vida naquilo que desejamos viver nela.

Gratidão, compaixão, carinho e amor são emoções sensoriais que o fazem pensar em coisas maiores que você. Se você só busca a sua felicidade, se torna uma pessoa egoísta. Mesmo que ser feliz seja um objetivo e você deva sim pensar em si! Mas, quando põe em prática esses sentimentos e se preocupa com o bem-estar comum, sua vida cresce. Você se importa com algo maior do que você mesmo. E isso está no seu poder de mudar o que sentir que é necessário.

Se cada um de nós passasse um pouco de cada dia praticando e cultivando a felicidade, assim como cultivamos outras virtudes, como o altruísmo, por exemplo, o mundo seria um lugar melhor e todos nós conseguiríamos nos transformar de forma positiva.

Não é preciso mudar a minha vida totalmente e se desconectar do passado para ser uma pessoa melhor ou diferente, o truque é ser uma pessoa autêntica, respeitar quem se é de verdade. Deveríamos pensar na felicidade como uma habilidade e não apenas como uma condição; é tornar a felicidade um hábito constante. E não há uma fórmula idêntica para todos. Mas, as coisas que amamos nos ajudam a construir a vida feliz que queremos ter. Brincar, ter novas experiências, amigos e família, fazer coisas significativas, ser grato pelo que temos, essas coisas nos tornam felizes. E não precisamos pagar por isso.

Quando se está feliz, principalmente vendo sentido na vida que se leva, com mudanças ou não, você irradia felicidade aos outros, contribuindo para que também se sintam felizes. Talvez a mudança necessária para que você se sinta realmente feliz é o toque sutil que fará toda a diferença para se ter uma vida plena e realizada.

Podemos concluir que as pessoas mudam sim. Sempre! Algumas com mais facilidade que outras. Mas, todos nós podemos transformar aspectos da nossa individualidade sempre que necessário, ainda mais se o motivo que nos leva a querer mudar é ser melhores.

8
O que eu quero ser quando crescer?

Quando somos crianças, a pergunta mais comum dos familiares é: "e o que você quer ser quando crescer?". Ainda que, em longo prazo, o contexto embutido no questionamento se faça necessário, pare e analise o quão pra frente a pergunta tende a levar o receptor.

Estamos sendo instigados o tempo todo a pensar no amanhã, vivendo com menos consciência o dia de hoje. Querem que desde pequenos desenvolvamos habilidades que nos conduzam a um sentido para a vida. Mas, por que a pressa? Por que questionar tão cedo o que queremos ou devemos ser quando crescer?

Há, muitas vezes, desde pequeno, certo direcionamento natural para o que o indivíduo fará em sua vida pessoal ou profissional. As crianças despertam muito novas suas aptidões. Quando os pais se dão conta disso, podem contribuir para desenvolver essas habilidades ou miná-las para sempre.

Há também determinados comportamentos que, mesmo que esses pais insistam em minimizar, em longo prazo, serão inevitáveis. Vale ressaltar a importância de aceitar o ser humano tal como ele se apresenta.

Como, por exemplo, quando um menino sente-se feliz dançando balé ou uma menina gosta de jogar futebol. Não há mais porque considerar determinado comportamento estigmatizado. Estamos numa passagem da humanidade que visa a quebrar a roda do preconceito e incentivar essas pessoas no desenvolvimento de suas habilidades naturais.

Quando criança, escolhemos alguns "heróis" para servirem como referência. Quando gostamos da música, nos identificamos com o cantor. Queremos falar como ele, queremos agir como ele, queremos cantar como ele. Está aí, o tamanho da responsabilidade que artistas têm com seus fãs.

Ao admiramos muito alguém e seus feitos, essa pessoa se torna para nós um ídolo, alguém que queremos seguir, descobrir seu segredo de sucesso e isso nos faz transcender nossas próprias limitações, achando uma forma de despertar o nosso próprio poder interior. Um dos estudiosos mais respeitados nessa projeção que fazemos sobre mitos e heróis é Joseph Campbell, que acredita que contamos histórias da nossa própria vida para tentar entrar em acordo com o mundo, harmonizando-a com a realidade, e que isso pode ser bem construtivo na busca para saber quem somos.

> Mitos são histórias de nossa busca da verdade, de sentido, de significação, através dos tempos. Todos nós precisamos contar nossa história, compreendê-la. Precisamos que a vida tenha significado, tocar o eterno, compreender o misterioso, descobrir o que somos. Dizem que todos procuramos um sentido para a vida. Mas penso que o que estamos procurando é uma experiência de estar vivo, de modo que nossa experiência de vida tenha ressonância no interior de nosso ser e de nossa realidade, de modo que nos sintamos mesmo vivos. E estas pistas nos ajudam a procurar, dentro de nós mesmos![24]

Essa explicação deixa claro por que estamos sempre em busca de nos apoiar em alguma referência, seja ela de alguém vivo ou

---

24 J.Campbell, em entrevista para Bill Moyers, que originou o livro O poder do mito.

de alguém que não está mais entre nós, que tenha vivido ou apenas que tenhamos idealizado com as inúmeras mitologias que foram registradas no mundo (grega, romana, hindu, chinesa etc.).

Precisamos nos apoiar em algum tipo de filosofia ou crença que nos ajude a nos conhecer, nos entender, nos questionar e assim nos permitir saber o nosso propósito. E, ao mesmo tempo em que, isso ajuda muito a humanidade, também a divide, pois enquanto uns gostam do Papa Francisco, outros fazem culto a Buda. Enquanto Jesus é reverenciado no Cristianismo, é ignorado nas tradições muçulmanas. Ou, enquanto eu gosto de Beyoncé, você pode preferir ouvir Rolling Stones.

Porém, o mais legal é que sempre haverá uma inspiração para a sua aspiração! E são elas que nos guiam ou nos apoiam rumo às nossas conquistas. São esses inspiradores que nos conduzem a sermos melhores em direção ao que buscamos ser.

Já se perguntou quais são os seus inspiradores? Quem sempre lhe serviu de referência? Como esse ídolo, próximo ou distante, teve peso nas suas decisões? O quanto esse espelho lhe conferiu muito daquilo que hoje é uma realidade para você? Sem falar naqueles que inspiram alguém e sabem disso. Pense, então, em como você também pode estar sendo agora a inspiração de alguém. Você seria um bom exemplo? Pense nisso!

9
A terceira e melhor idade

Quando se intitula a terceira idade como a melhor, eu creio que haja ressalvas importantes a considerar. Principalmente, por sabermos que dentro dessa categoria, as pessoas podem se sentir envelhecidas, idosas ou verdadeiramente velhas.

Levando em conta que a expectativa de vida tem aumentado muito, a percepção de ser velho é realmente muito relativa. O corpo envelhece diariamente. Sentimos isso acontecendo. O mais jovem percebe as mudanças, mas só se dá conta de que seu corpo está diferente quando começa a sentir dificuldade para fazer atividades que, antes, exigiam menos esforço ou cansaço.

Mas aquele que observou ao longo de seu envelhecimento uma alimentação balanceada, fez escolhas leves para sua rotina, dedicou horas ao que lhes desse prazer, buscou atividades físicas para manter a força e a resistência do corpo, terá uma fase com menos pesar na velhice.

Há os que podem optar por isso, mas, em contrapartida os que não! Os que envelhecem no campo, por exemplo, sob um trabalho mais pesado, lidando com uma rotina dura e árdua, envelhecerão com um corpo mais cansado e talvez com uma saúde talvez mais fragilizada. Ou se a pessoa foi ficando velha e se isolando do mundo, dizendo a si mesma: "estou muito velha para isso", a própria forma de se ver já a colocou num lugar de incapacidade.

Hoje em dia ser velho está muito mais ligado à cabeça da pessoa, pois se internamente ela tem convicção de que pode realizar o que quiser, a sua idade não lhe impedirá. Se ela não se vir velha, se conseguir se sentir ativa e buscar, por meios que lhe permitam, um corpo saudável, suas limitações serão mínimas.

Quantos jovens costumam dizer: "ai, já estou velho para isso."? Se você tem 20, 30 anos e diz algo assim, está antecipando uma condição que alguns com 70, 80 evitam. Não há mais barreiras.

Antigamente sim, pessoas acima dos 40 anos já eram consideradas velhas para muitas coisas, mas, atualmente, a percepção à idade mudou muito. E mudou também uma série de coisas, para além do paradigma. A forma de viver, a saúde, as facilidades para lidar melhor com o processo do envelhecimento, o cuidado com o corpo, com a mente, tudo isso proporciona uma longevidade mais lúcida e mais saudável.

Vamos entender a diferença que existe entre estas nomenclaturas, levando em conta a pesquisa feita pelo portal do envelhecimento[25]:

1) O envelhecimento deve ser entendido com um processo natural da vida que traz consigo algumas alterações sofridas pelo organismo, consideradas normais para essa fase. Envelhecemos desde o momento em que nascemos.

2) Pelo termo idoso, podemos entender todo e qualquer indivíduo acima de 60 anos de idade. Esse conceito foi criado na França, em 1962, substituindo termos como velho e velhote, e foi adotado no Brasil em documentos oficiais logo depois.

---

25   portaldoenvelhecimento.com/comportamentos/item/3427-envelhecimento-idoso-velhice-ou-terceira-idade

3) O termo velhice é considerado para uns como o último ciclo da vida, que independe de condições de saúde e hábitos de vida, é individual, e que pode vir acompanhado de perdas psicomotoras, sociais, culturais etc.; já outros acreditam que a velhice é uma experiência subjetiva e cronológica. Acreditamos que a velhice seja como uma construção social que cria diversas formas diferentes de se entender o mesmo fenômeno, dependendo de cada cultura.

4) E terceira idade? Essa é a fase entre a aposentadoria e o envelhecimento e que traz consigo as demandas de cuidado com a saúde de uma forma mais ampla, já pensando em um envelhecimento com mais qualidade de vida.

Ser velho pode ser um momento incrível na vida, se tivermos vivido até então buscando ter vitalidade e saúde física/mental e emocional. Do contrário, certamente ter um corpo velho pode ser um grande fardo.

Quantos sessentões conhecemos por aí que esbanjam jovialidade? Pessoas que realmente fizeram de sua vida um processo para atingir essa etapa com disposição, lucidez e vitalidade. Em contrapartida, quantos na metade da vida já parecem cansados, fisicamente fracos e até enfermos?

Se você é uma pessoa que se cuida, que estimula o aprendizado, que viaja e conhece outras culturas, que se importa com sua alimentação, que tem relações saudáveis, que procura evitar desgastes e tenta extrair o lado positivo de todas as coisas, certamente você será um velhinho bem-disposto. No entanto, se você nunca viu importância em nada disso e suas escolhas são pautadas por prazeres imediatos e superficiais, talvez, na fase da velhice você colha os frutos disso.

A história de Wang Deshun[26], um chinês de 80 anos, que iniciou sua carreira de modelo no ano de 2014, vai ao encontro do que entendemos como uma pessoa que não desiste de seus sonhos e não se permite ser velho, ainda que esteja envelhecendo. Wang já trabalhava como ator de teatro e cinema, mas a primeira vez que pisou em uma passarela foi em 2016.

Segundo ele, os cuidados que tem com o corpo se intensificaram quando ele já tinha 60

---
26 http://inquietaria.99jobs.com/modelo-aos-80-anos-chines-prova-que-nunca-e-tarde-para-fazer-o-que-ama/

anos, mas possibilitou que chegasse aos 80 com energia e disposição. O que nos mostra que nunca é tarde para um recomeço. Seja ele em qual área for. Ou a história da professora de ioga mais idosa do mundo, de acordo com o *Guinness Book*. Tao Porchon-Lynch[27] tem 96 anos e diz que não pretende largar a vocação e o amor que tem pela filosofia, algo que atribui à sua vitalidade, sua saúde e longevidade. E deste quase um século, 70 anos foram dedicados a ministrar suas aulas.

E a partir de que idade podemos ser considerados idosos? Segundo a Organização Mundial da Saúde (OMS), idoso é todo indivíduo com 60/65 anos ou mais. Todavia, para efeito de formulação de políticas públicas, esse limite mínimo pode variar segundo as condições de cada país. A própria OMS reconhece que, qualquer que seja o limite mínimo adotado, é importante considerar que a idade cronológica não é um marcador preciso para as alterações que acompanham o envelhecimento, podendo haver grandes variações de acordo com as

---

27 http://www.hypeness.com.br/2015/03/instrutora-de-yoga-com-96-anos

condições de saúde, nível de participação na sociedade e nível de independência entre as pessoas idosas, em diferentes contextos[28].

Simone de Beauvoir já assinalava nos anos 1970 que "Não reconhecemos a velhice em nós, nem sequer paramos para observá-la, somente a vemos nos outros, mesmo que eles possuam a mesma idade que nós". E acredito que é justamente assim que enxerguemos as etapas da vida, olhando para fora e pouco para dentro.

Quem nunca com 15 anos, ansiava os 18? E quando chegou os 18, já achava as pessoas dessa faixa etária infantis, e queria estar com os que tinham mais de 20? E assim por diante. A perspectiva de quem é novo e velho vai mudando com o passar dos anos. Quando se tem 15 anos olhar para quem tem 20 é se vir diante de um "adulto", perto de um de 50, então, é enxergá-lo com um idoso. Mas, ao chegar a essas idades a perspectiva do que é novo e velho muda e muito!

Outra coisa que nos envelhece é o conceito de ser/estar velho. Como, se ao envelhecer, você fosse proibido de interagir ou se relacionar com

---
28 https://pt.wikipedia.org/wiki/Idoso

pessoas jovens. Ou que não lhe seja permitido ter iniciativas e projetos de vida inovadores, diferentes daqueles que a maioria na sua idade teria.

O que mais nos envelhece são as nossas escolhas e ações. Se você começa a se sentir velho, por conta do *status* social, e passa a se comportar como uma pessoa idosa, a probabilidade de começar a somatizar esse paradigma no seu corpo e mente será enorme. E como somos feitos da matéria de nossas mentalizações e atitudes, o que criamos subjetivamente, se torna real.

E isso é tão louco. Se sabemos do potencial que temos como seres pensantes, deveríamos fazer isso para o lado bom das coisas e nunca o contrário. A verdade é que, não é porque há rótulos para a fase em que estamos que há nela limitações. O tempo que temos só acaba quando for a vez do nosso último suspiro. Enquanto ainda houver energia, força de vontade e disposição física, ainda há muito que se fazer e se conquistar.

A pessoa que eu gostaria de ter sido

Mas, se efetivamente há uma fase da vida em que muitos lamentam não terem feito bom uso do tempo é a do envelhecimento. Porque é inevitável que haja escassez de energia. A estrutura biológica do ser humano tem vida limitada e vai se defasando, tal como um móvel antigo, que se malcuidado, enche de cupim, apodrece por dentro ainda que, tendo o exterior muitas vezes intacto, e de repente, se deteriora e se desfaz em pó. A analogia parece banal, mas não é. Se você não se cuidar para ter um envelhecimento saudável, correrá o risco de sentir o peso de ser velho.

Por isso, quando a pessoa se aposenta, recomenda-se que as horas sejam preenchidas com atividades que estimulem um novo aprendizado, uma nova função. Dessa maneira, a pessoa estará cuidando de si no presente e para o futuro.

Eu tenho em minha família algumas boas referências. Uma delas é minha avó materna. Desde muito jovem, ela sempre trabalhou. Nascida numa aldeia portuguesa, vivia ali fazendo trabalho de roça junto com suas irmãs. No entanto, em meados de 1950, ela emigrou para o Brasil. Filha mais velha de sete irmãs, casou-se, teve duas filhas, ajudou o marido no comércio que abriram ao chegar aqui e auxiliou na criação dos netos. Ficou viúva bem cedo, mas nunca se permitiu estagnar-se ou lamentar-se. Aprendeu a ler depois dos 50 anos e sempre se virou bem sozinha. Ia para lá e para cá de ônibus ou a pé na grande capital paulista. Atualmente, com 90 anos, não parece disposta a parar.

Já minha avó paterna foi criada sob o estigma de que mulher tem que ser discreta, casar, ter filhos e ser dona de casa. Não precisou trabalhar pesado, casou tarde e isso, sem dúvida, mexeu com seu psicológico, pois também teve filho fora da idade padrão para a época. Viuvou cedo. Nunca se dispôs a fazer atividades, sempre insatisfeita, julgadora, reclamona, dependente. Isso fez que somasse enfermidades e morresse numa condição bem oposta àquela em que nasceu. Mesmo vivendo com a família, não parecia uma pessoa feliz.

São dois casos similares, de pessoas nascidas em épocas parecidas, mas que tiveram escolhas de vida muito diferentes. Que viveram sob condições distintas, o que sem dúvida pesou no fim das contas.

O peso das suas escolhas, ao longo da vida, é que contribuirá para que se tenha uma terceira idade boa e feliz.

De acordo com Daniel Goleman, PhD. e autor de *Inteligência Emocional*, o comportamento humano é determinado por quatro fatores distintos: 1) biologia, 2) cultura, 3) linguagem, 4) história pessoal. Eles são determinantes na sua condição de vida. O que significa isso? Que você não muda a sua história pessoal da noite para o dia, assim, num estalar de dedos. Que você é o fruto da sua história e dos seus modelos mentais. Mas há um ditado simples dos nossos pais e avós que vai continuar valendo por muitas e muitas gerações: **"deixa estar, filho, a vida ensina!"**.

A vida, em todas as suas fases, ensina. Nos ensina a crescer, a evoluir, a errar, a aprender, a deixar para lá coisas que não vão somar ao que você precisa para ser melhor, a construir relações que sejam pontes e não divisores, a mudar quando for necessário (ainda mais se a mudança for para lhe transformar em uma pessoa melhor).

Devemos isso ao futuro da humanidade e não apenas a nós mesmos. Devemos contribuir, inclusive, para a evolução dos que estão à nossa volta. Não lhes impondo, de forma doutrinária, a maneira como devem agir e ser, mas sendo exemplo e referência daquilo em que se acredita.

    A vida é feita dessas fases e cabe a você vivê-las da melhor forma possível. Transforme-se e viva intensamente, tudo o que há para viver, dos aspectos bons aos piores. Viva de forma plena até as dores de amores, até as lamentações, até as perdas!

É tudo isso que torna a jornada ainda mais incrível.

    Reinvente-se![29]

Quanta vida pode haver numa vida só, já se perguntou alguma vez?

    Você vive quando apenas abre os olhos e respira. Ou quando não perde aquela chance. Vive quando larga tudo e começa uma nova ideia; quando consegue começar de novo. Vive para ser maior; e, indo mais longe vive mais tempo, porque mais importante que chegar é a vontade de partir.

    Você vive quando sai de casa sem agasalho e vem o frio. Quando acha que vai chover,

---

29 Texto *A vida que você escolheu*, de Renato Cabral (www.oruminante.com.br).

e faz calor. Vive quando desses pequenos enganos ainda tira um sorriso e o dá de presente. E, assim, fica cheio de motivos para viver. Você vive quando entende que vive melhor quando vive junto, e aí compartilha, divide, cuida.

Você vive quando conhece aquela pessoa e por ela cruza ruas e até continentes. Vive quando nunca cruza os braços. Você vive quando um se torna dois e vocês viram três, e ficam cheios de uma vida totalmente nova.

Tem gente que vive só quando o sapato aperta; outros só quando os pés saem do chão. Tem gente que vive para mudar o mundo. E tem aquele que gostaria de mudar tudo só para não mudar nada e viver ali, quietinho. Vivemos quando redescobrimos o amor... o amor-próprio, o amor ao próximo.

Tem gente que espera pela vida. Tem gente que vive correndo atrás dela. E tem aqueles que a criam em cada respiração, no suor e no sangue, nos sonhos que jamais deixam morrer.

Você vive quando entende que viver é ser esse movimento que nunca para. Porque afinal, no dia em que ele, enfim, parar, você já não precisa mais se preocupar com a vida.

© 2017 por Cherrine Cardoso
© iStock.com/Burocx

Coordenadora editorial: Tânia Lins
Coordenador de comunicação: Marcio Lipari
Capa e projeto gráfico: Jaqueline Kir
Preparação e revisão: Equipe Vida & Consciência

1ª edição — 1ª impressão
3.000 exemplares — outubro 2017
Tiragem total: 3.000 exemplares

**CIP-BRASIL — CATALOGAÇÃO NA PUBLICAÇÃO
(SINDICATO NACIONAL DOS EDITORES DE LIVROS, RJ)**

C26r

    Cardoso, Cherrine
    Reinvente-se! : quantas vidas se vive numa vida?
/ Cherrine Cardoso. - 1. ed. - São Paulo : Vida & Consciência, 2017.
    200 p. ; 21 cm.

    ISBN 978-85-7722-547-7

    1. Pessoal - Treinamento. 2. Desenvolvimento organizacional.
I. Título.

17-43353   CDD: 658.3124
                                                         CDU: 658.33136

Todos os direitos reservados. Nenhuma parte desta edição pode ser utilizada ou reproduzida, por qualquer forma ou meio, seja ele mecânico ou eletrônico, fotocópia, gravação etc., tampouco apropriada ou estocada em sistema de banco de dados, sem a expressa autorização da editora (Lei nº 5.988, de 14/12/1973).

Este livro adota as regras do novo acordo ortográfico (2009).

Vida & Consciência Editora e Distribuidora Ltda.
Rua Agostinho Gomes, 2.312 — São Paulo — SP — Brasil
CEP 04206-001
editora@vidaeconsciencia.com.br
www.vidaeconsciencia.com.br

Você é muito apegado aos amigos, à família, à pessoa amada? É daquelas pessoas que adoram guardar muitas coisas e acumulam tralhas nos armários, por lhes ter atribuído um significado especial? Que bom! Porque este livro foi escrito para você!

Em *A incrível arte de desapegar*, a autora mostra que, ao se libertar de velhos hábitos e seguir adiante, você tem muito mais chances de viver escolhas que o ajudem a dar um novo passo rumo ao seu crescimento pessoal. Afinal de contas, você merece viver feliz... e livre de apegos!

**Conheça mais sobre espiritualidade
com outros sucessos.**

vidaeconsciencia.com.br  /vidaeconsciencia  @vidaeconsciencia

Rua Agostinho Gomes, 2.312 — SP
55 11 3577-3200

contato@vidaeconsciencia.com.br
www.vidaeconsciencia.com.br